Brot

Selbst gebacken

SCHNELL UND EINFACH

Abkürzungen

TL	= Teelöffel	ca.	= zirka
EL	= Esslöffel	°C	= Grad Celsius
Msp.	= Messerspitze	Ø	= Durchmesser
g	= Gramm	Std.	= Stunde(n)
kg	= Kilogramm	Min.	= Minute(n)
ml	= Milliliter	TK	= Tiefkühlkost
l	= Liter		
cm	= Zentimeter		

Hinweis

Alle Angaben zu Zubereitungszeit, Ruhezeit, Kühl-, Trocken- und Backzeit sind ungefähre Richtwerte. Die Ruhezeit bezeichnet im Normalfall die Zeit, die der Teig zum Gehen benötigt, kann aber auch Einweichzeit für Früchte oder Ähnliches einschließen. Ruhezeit über Nacht ist mit 8 Std. angegeben.

Die Backofentemperaturen beziehen sich auf den Elektroherd mit Ober- und Unterhitze. Wenn Sie mit Umluft arbeiten, reduzieren Sie die Temperatur um 15 bis 20 Prozent. Die Backzeit bleibt gleich. Die Umrechnung von °C-Angaben auf Temperaturstufen von Gasherden entnehmen Sie bitte der Gebrauchsanleitung des Geräteherstellers.

Impressum

Projektleitung: Monika Greiner
Redaktion und Satz: Christiane Manz für bookwise
Produktion: bookwise medienproduktion gmbh, München
Gestaltung: Büro Norbert Pautner, München
Umschlaggestaltung: Satu Steiner
Fotografie: Teubner Foodfoto, Rolf Feuz, Barbara Lutterbeck, Karin Messerli
Herstellung: Markus Plötz
Druck: Polygraf Print

Einbandfoto: Teubner Foodfoto GmbH, Schwangau
Titelrezept: Vollkornbrot, S. 17
Umschlag-Rückseite (von links nach rechts): Brot mit Ricotta und Mangold, S. 124;
Englische Osterbrötchen, S. 83; Leinsamenbrot, S. 12

Umwelthinweis: Dieses Buch wurde auf chlorfrei gebleichtem Papier gedruckt. Die Einschrumpffolie – zum Schutz vor Verschmutzung – ist aus umweltverträglichem, recyclingfähigem PE-Material.

Die Rezepte in diesem Buch sind von den Autoren und vom Verlag sorgfältig erstellt und geprüft worden, dennoch kann eine Garantie nicht übernommen werden. Eine Haftung des Verlages und seiner Beauftragten für Personen-, Sach- und Vermögensschäden ist ausgeschlossen.

Printed in Slovakia

ISBN 3-7742-6820-7

Inhalt

Tipps und Teige   6

Füllen und formen   9

Brote und Fladen   10

Brötchen und
Frühstücksgebäck   54

Pikantes für die Party   86

Raffinierte Brote –
gefüllt und belegt   108

Rezeptregister   126

Brot backen

Seit jeher zählt Brot in seinen vielen Formen zu den wichtigsten Nahrungsmitteln des Menschen – zumindest dort, wo Getreideanbau bekannt und durchführbar war. Freilich war die Auswahl nicht immer so groß wie heute. Einen großen Schritt bedeutete es für das Brotbacken, als man entdeckte, wie Teig gelockert und der Gärprozess gesteuert werden kann. Noch heute werden die meisten Brote mit fast den gleichen Zutaten gebacken: etwas Mehl oder Schrot, Wasser, Salz und meist noch ein Lockerungsmittel.

Mehl und Schrot

Zwar kann man fast jedes Getreide, ob Weizen, Roggen, Hafer, Gerste, Hirse, Mais oder Reis, zu Mehl vermahlen. Doch verbacken lassen sich einige dieser Mehle nicht ohne weiteres. Das hängt damit zusammen, das zwar alle Getreidekörner zum großen Teil aus Stärke bestehen, jedoch ansonsten erhebliche Unterschiede in der Zusammensetzung aufweisen, beispielsweise im Proteingehalt. Zum Backen sind die Eigenschaften vor allem eines dieser Eiweißstoffe wichtig, die des Klebers, auch Gluten genannt. Der Kleber ist dafür verantwortlich, dass sich im Teig eine Art Gerüst ausbildet – das im Übrigen durch Salzzugabe zusätzlich stabilisiert werden kann –, in dem sich die durch Triebmittel erzeugten Gasbläschen festsetzen, dadurch eine Porung des Teiges bewirken und so eine lockere Krume ergeben.

Optimale Backeigenschaften weist der Kleber des Weizenmehls auf; er braucht jedoch eine gewisse Zeit, bevor er richtig arbeiten kann. Deshalb müssen Mürbteige vor der Verarbeitung ruhen und Hefeteige eine Weile durchgeknetet werden. Pur kann außer Weizen- auch Roggenmehl verbacken werden, dann aber mit Sauerteig als Triebmittel. Für alle anderen Getreide empfiehlt sich die Beimischung von Weizenmehl, wenn der Teig schön aufgehen soll.

Der Geschmack des Mehls hängt aber nicht nur von der Getreidesorte ab, sondern auch vom Ausmahlungsgrad des Mehls. Dieser ist bei handelsüblichen Mehlsorten an der Typenbezeichnung zu erkennen, die den Mineralstoffgehalt im Mehl angibt. Bei Weizenmehl können Sie wählen zwischen Type 405, 550, 812, 1050, 1060 und 1700 (Backschrot). Der Gehalt ist umso höher, je weniger von den äußeren Schichten des Korns entfernt wurde, denn dort stecken die meisten Mineral-, Ballast- und Geschmacksstoffe. Je höher die Typenzahl, desto höher ist also der Nährwert, desto stärker der Geschmack und desto dunkler auch die Farbe. Allerdings ist Mehl mit einer höheren Typenzahl wegen des enthaltenen Fetts weniger lang haltbar als solche mit niedriger Typenzahl.

Außer Mehl ist fürs Brotbacken auch Schrot von Bedeutung. Für seine Herstellung werden entspelzte ganze Getreidekörner grob zerkleinert oder gar nur gequetscht. Schrotbrote – zu dieser Gruppe gehören die oft auch Vollkornbrote genannten schweren Sorten, wie das Rheinische Schwarzbrot oder der berühmte westfälische Pumpernickel – zeichnen sich durch eine relativ dichte Krume sowie einen leicht süßlichen Geschmack aus. Bei Schrotbroten sind im Anschnitt die grob zerkleinerten Getreidekörner noch deutlich sichtbar.

Treibmittel

Frische, zu Würfeln gepresste Hefe, Trockenbackhefe und Sauerteig sind die wichtigsten Treibmittel. Für das Brotbacken sind sie unverzichtbar, weil sie zur Lockerung der Laibe führen. Sie verursachen eine Gärung, sobald dem Mehl warmes Wasser zugefügt wird. Dadurch werden Gasbläschen erzeugt, die den Teig durchsetzen und so Poren bilden.

Nur mit Sauerteig lässt sich Roggenmehl pur verarbeiten. Man kann ihn entweder fertig kaufen oder auch selbst ansetzen. Er entsteht durch in der Luft und im Mehl vorhandene Essig- und Milchsäurebakterien.

Sauerteig

Sauerteig kann man selbst ansetzen, aber auch getrocknet oder flüssig in Reformhäusern, Supermärkten oder beim Bäcker kaufen. Der Gärprozess geht ohne weitere Zusätze vonstatten: Milch- und Essigsäurebakterien in der Luft und im Mehl beginnen spontan mit der Gärung, wenn dem Mehl die gleiche Menge Wasser zugesetzt und der Ansatz an einen warmen Ort gestellt wird. Im Rezept rechts oben werden insgesamt 400 g Roggenmehl und 400 ml warmes Wasser benötigt. Der Teig behält idealerweise eine konstante Temperatur von 25 °C. Das Wasser, das man zugibt, sollte deshalb eine Temperatur von 40–45 °C haben. Nur dann werden die Milchsäurebakterien richtig aktiv.

Bei niedrigeren Temperaturen beginnen dagegen überwiegend Essigsäurebakterien zu arbeiten; dadurch kann der Sauerteig unbrauchbar werden. Dies erkennt man an einem starken Essiggeruch des Ansatzes. Während der Gärphase sollte man den Sauerteig mit einem Stück Klarsichtfolie abdecken; so werden Feuchtigkeit und Temperatur besser im Inneren gehalten.

Sauerteig wird in erster Linie für Roggenbrote verwendet. Würde man Roggenmehl nur mit Hefe verarbeiten, könnte das Brot – bedingt durch die spezifischen Backeigenschaften dieses Mehls – keine Krume ausbilden. Erst die Säure des Sauerteigs bewirkt, dass die von den Gasbläschen im Roggenteig erzeugten Poren auch beim Backen stabil bleiben. Eine Mischung von Sauerteig und Hefe ergibt bei Roggenmehl ein ähnliches Resultat. Im Rezept rechts unten werden 15 g Hefe für 250 g Roggenmehl und 375 ml Wasser verwendet.

Wer oft Roggenbrot bäckt, sollte jeweils vom Sauerteigansatz 3 EL (80 g) abnehmen und als „Starter" für den nächsten Laib zurückbehalten. Im Kühlschrank hält er 1–2 Wochen, tiefgekühlt 3 Monate.

Sauerteig ansetzen

1 100 g Roggenmehl Type 997 mit 100 ml Wasser (Temperatur 40–45 °C) verrühren.
2 Mit Folie und einem Tuch bedeckt 1–2 Tage an einem warmen Ort (bei 25 °C) stehen lassen, bis der Teig säuerlich riecht. Den Vorgang wiederholen: Ansatz mit gleicher Menge Mehl und Wasser verrühren, 24 Stunden stehen lassen.

3 Für den letzten Schritt die Mengen verdoppeln: 200 g Roggenmehl mit 200 ml warmem Wasser verrühren; wieder abdecken.
4 Teig einen weiteren Tag stehen lassen. Riecht er säuerlich, aber nicht nach Essig, ist er fertig.

Sauerteig mit Hefe

1 15 g Hefe unter Rühren in 250 ml warmem Wasser (40–45 °C) auflösen.
2 Hefe-Lösung nach und nach unter 125 g Roggenmehl Type 1150 mischen. Glatt rühren, mit Folie und Tuch abdecken, für 24 Stunden an einen warmen Ort stellen. 125 g Roggenmehl und 125 ml Wasser unterrühren. 3 Tage an einen warmen Ort stellen.

Hefeteig

Benutzt man Weizenmehl, braucht man keinen Sauerteig – hier reicht Hefe zum Lockern aus. Für einen Hefeteig sollten alle Zutaten Zimmertemperatur haben und das zugegebene Wasser 40–45 °C warm sein, so dass der Teig eine Temperatur hat, bei der sich die Hefe optimal vermehren kann. Backhefe gibt es frisch, in Würfel von 42 g gepresst, oder als Trockenhefe zu kaufen, wobei ein Tütchen Trockenhefe 25 g frischer Hefe entspricht.

Hefeteig zeichnet sich durch seinen typischen, leicht säuerlichen Geschmack und durch eine besondere Luftigkeit des Teiges aus. Grund dafür sind die zugesetzten lebenden Hefezellen, die sich unter den richtigen Bedingungen – sie benötigen Luft, Feuchtigkeit und Nahrung in Form von Zucker und Wärme – stark vermehren. Finden die Pilzzellen ein entsprechendes Milieu vor, teilen sie sich sehr schnell und verwandeln dabei den Zucker in Alkohol und Kohlendioxid. Dieses tut sich mit dem Kleber des Mehls zusammen, der Teig „gärt" sozusagen, dabei entstehen zahllose winzige, gasgefüllte Bläschen, die das Volumen des Teiges ständig vergrößern – und er „geht" auf.

Industriell gefertigte Backhefe, auch Presshefe genannt, ist heute im privaten Haushalt ebenso verbreitet wie in der Bäckerei. Frische Hefe riecht und schmeckt angenehm säuerlich, bricht blättrig, darf aber nicht schmieren. Im Kühlschrank hält sie mehrere Wochen. Wesentlich länger aufbewahren kann man die schonend haltbar gemachte Trockenbackhefe, die mindestens 1 Jahr lang ihre Triebkraft behält.

Um die Gärprozesse zu verstärken, kann man aus Hefe und Wasser einen Vorteig herstellen, der 15–20 Minuten gehen muss, bevor die restlichen Zutaten hinzukommen und der Teig fertig gestellt wird. Durch das kräftige Kneten und Schlagen des Teiges sowie die Wärme, in der er ruhen muss, wird das „Gehen" beschleunigt.

Hefeteig ohne Vorteig

1 20 g frische Hefe zerbröckeln und in 150 ml lauwarmes Wasser rühren. 2 EL Pflanzenöl dazugeben. (Für süßen Hefeteig verwendet man statt Wasser und Öl normalerweise Milch und weiche Butter.)
2 300 g Weizenmehl Type 550 und 1/2 TL Salz mischen. Die Hefelösung zu dem Mehl-Salz-Gemisch gießen. (Für süßen Hefeteig wird statt oder zusätzlich zum Salz Zucker genommen.)

3 Die Flüssigkeit mit einem Rührlöffel nach und nach mit immer mehr Mehl verrühren, bis der Teig fester wird.
4 Den Teig mit einem Teigschaber herausnehmen und mit den Händen auf einer bemehlten Arbeitsfläche weiterverarbeiten.

5 Den Teig mindestens 5 Minuten kräftig mit den Händen durchkneten, damit er glatt und elastisch wird.
6 Den Teig zu einer Kugel formen, mit etwas Mehl bestauben und an einem warmen Ort gehen lassen, bis er das Doppelte seines Volumens erreicht hat.

Ricotta-Mangold-Brot (S. 124) formen

 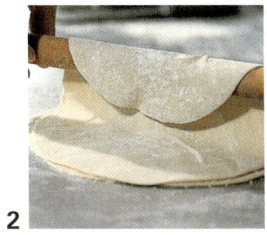

1 Den Teig in 6 gleiche Teile unterteilen. 4 davon von der Teigrolle abtrennen; das 5. Stück bleibt eine „doppelte Portion". Alle Teigstücke zu Kugeln formen. Die 4 kleinen jeweils zu Fladen von 24 cm Durchmesser, die große Kugel zu einem Fladen von 35 cm Durchmesser ausrollen. Einen kleinen Fladen mit zerlassener Butter bestreichen, mit Parmesan bestreuen.
2 Einen weiteren kleinen Fladen mit dem Rollholz aufnehmen und passgenau auf den vorbereiteten ersten Fladen legen.

3 Die Hälfte der Mangold-Ricotta-Füllung mit einer Palette auf dem 2. Fladen verstreichen.
4 Den 3. Fladen auflegen, mit Butter bestreichen und mit Parmesan bestreuen. Mit dem 4. Fladen bedecken.

5 Den großen Fladen mit Butter bestreichen, dabei 3 cm Rand freilassen. Mit Parmesan bestreuen, den Fladenstapel aufsetzen.
6 Den Rand mit Eigelb bestreichen und leicht gefaltet nach innen einschlagen, so dass die Füllung völlig eingeschlossen ist.

Croissants (S. 76) formen

 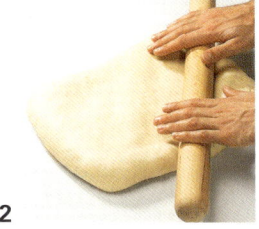

1 Den Butterziegel in die Mitte der ausgerollten Teigplatte legen. Die Teigränder rundum mit Wasser bestreichen und die Butter völlig in den Teig einhüllen.
2 Den Teigblock auf einer bemehlten Arbeitsfläche nach allen Seiten gleichmäßig zu einer Platte von etwa 30 x 20 cm ausrollen.

3 Eine „einfache Tour" legen: ein Drittel der schmalen Teigseite über das mittlere Drittel klappen, das restliche Drittel darüber schlagen.
4 So liegen 3 Schichten übereinander. Den Teig nach dieser ersten „Tour" 10 Minuten kühl ruhen lassen. Danach wieder ausrollen zur nächsten „Tour".

5 Teig längs in 2 Streifen von 60 x 20 cm teilen; daraus 20 Dreiecke von 12 x 20 cm schneiden. An der Basis je 3 cm tief einschneiden.
6 Dreiecke von der Basis zur Spitze aufrollen. Die Spitze festdrücken, damit der Teig nicht verrutscht. Hörnchen formen. Mit Abstand und mit dem Schluss nach unten auf ein gefettetes Backblech setzen. Nochmals gehen lassen.

Brote und Fladen

Körnig, fein und international

In Nord- und Mitteleuropa dient es vor allem als „Unterlage" für Wurst oder Käse, während man es vom Mittelmeer bis Indien als Beilage zu warmen oder kalten Gerichten isst: das Brot. Manch einer wird erstaunt sein, wie viele Varianten dieses Grundnahrungsmittels weltweit existieren. Mal kommt es rund oder eckig, mal als Laib, Stange oder Fladen auf den Tisch. Ob es mit Körnern, Oliven oder raffinierten Gewürzen verfeinert wird oder ob Nüsse und Mandeln mitgebacken werden – selbst gemachtes Brot schmeckt besonders lecker. Und das Beste: Sie wissen wirklich ganz genau, was drin ist!

Zubereitungszeit: 35 Min.

Ruhezeit: 15–17 Std. + 1 Std. 30 Min.

Backzeit: 45–50 Min.

Klassiker

Zutaten für 2 Brote

Für das Brühstück:

200 g Roggenschrot

60 g geschroteter Leinsamen

1/4 l heißes Wasser

Für den Sauerteigansatz:

250 g Roggenschrot

75 g Sauerteig

1/4 l warmes Wasser

Für den Brotteig:

150 g Roggenmehl Type 1150

400 g Weizenvollkornmehl, 3 TL Salz

42 g frische Hefe (1 Würfel)

200 ml lauwarmes Wasser

500 g Sauerteig, 510 g Brühstück

Außerdem:

Klarsichtfolie, Mehl für das Backblech

Leinsamen zum Bestreuen

Info

Brühstück nennt man einen Vorteig, der aus mit heißem Wasser übergossenem Schrot – hier aus Roggen – hergestellt wird. Dadurch können die groben Bestandteile schon einmal vorquellen, und das Brot erhält eine leicht süßliche Note.

Leinsamenbrot

1 Für das Brühstück Roggenschrot und Leinsamen mit dem Wasser übergießen und alles gut miteinander verrühren. Mit einer Folie abdecken und 15 Stunden quellen lassen.

2 Parallel dazu für den Sauerteigansatz alle Zutaten miteinander verrühren. Ein Stück Klarsichtfolie auflegen, mit einem Tuch bedecken und 15–17 Stunden an einem warmen Ort stehen lassen. Vom Ansatz 2–3 EL (80 g) Sauerteig für die Zubereitung des nächsten Brotes abnehmen. Er hält sich 1–2 Wochen im Kühlschrank, lässt sich aber auch für etwa 3 Monate einfrieren.

3 Für den Brotteig die beiden Mehlsorten in einer großen Schüssel mischen und in die Mitte eine Mulde drücken. Das Salz auf dem Rand verteilen. Die Hefe in die Mulde hineinbröckeln und mit etwas Wasser auflösen. Nach und nach das restliche Wasser, den Sauerteigansatz und das Brühstück unterarbeiten. Der Teig darf noch klebrig sein. Den Teig mit einem Teigschaber vom Rand der Schüssel schaben und in der Mitte der Schüssel aufwölben. Mit etwas Mehl bestauben. Ein Stück Klarsichtfolie auflegen, mit einem Tuch bedecken und den Teig 30 Minuten gehen lassen.

4 Den Teig auf einer bemehlten Arbeitsfläche erneut durchkneten und so viel Mehl unterarbeiten, dass sich der Teig von der Arbeitsfläche löst. 2 runde Brote formen und auf ein bemehltes Backblech legen. Die Brote mit einem Holzstäbchen mehrmals bis zum Boden einstechen und etwa 1 Stunde gehen lassen, bis sich das Volumen deutlich vergrößert hat.

5 Die gut gegangenen Brote mit Wasser bestreichen und mit Leinsamen bestreuen. Die Brote bei 200 °C im vorgeheizten Ofen 45–55 Minuten backen. Um die Luftfeuchtigkeit zu erhöhen, zu Beginn der Backzeit etwas kochendes Wasser auf den Boden des Ofens gießen oder die Seitenwände mit etwas Wasser besprühen. Die Brote sind fertig, wenn man auf die Unterseite klopft und es sich dann hohl anhört.

Zubereitungszeit: 35 Min.

Ruhezeit: 15–17 Std. + 1 Std. 30 Min.

Backzeit: 1 Std. 10 Min.

Klassiker

Zutaten für 1 Brot

Für den Sauerteigansatz:

400 g Roggenmehl Type 997 oder 1150

80 g Sauerteig

400 ml warmes Wasser

Für den Brotteig:

400 g Roggenmehl Type 997 oder 1150

300 g Weizenmehl Type 550

3 TL Salz

800 g Sauerteig

21 g frische Hefe (1/2 Würfel)

gut 300 ml lauwarmes Wasser

Außerdem:

1 Brotformkörbchen von 24 cm Ø

Mehl für das Körbchen und das Blech

Tipps

Der gleiche Teig schmeckt auch ausgezeichnet, wenn man ihn als rustikalen „Mantel" für einen Schinken verwendet.

Wer den Sauerteig nicht selbst ansetzen möchte, kann ihn auch gebrauchsfertig beim Bäcker, im Reformhaus oder in gut sortierten Supermärkten kaufen.

Roggenmischbrot

1 Für den Sauerteigansatz alle Zutaten miteinander verrühren. Ein Stück Folie auflegen, mit einem Tuch abdecken und 15–17 Stunden – am besten über Nacht – an einem warmen Ort stehen lassen.

2 Für den Brotteig beide Mehlsorten in einer Schüssel vermischen und in die Mitte eine Mulde drücken. Das Salz auf den Rand streuen. Unter Rühren zuerst die Hefe mit etwas Wasser in der Mehlmulde auflösen, dann den Sauerteig und das restliche Wasser einarbeiten. Kräftig weiterrühren, dabei immer mehr Mehl vom Rand mit unterarbeiten.

3 Den schweren, etwas klebrigen Teig mit einem Teigschaber vom Rand der Schüssel lösen und in deren Mitte aufwölben. Mit Mehl bestauben, mit Folie abdecken, ein Tuch auflegen und etwa 30 Minuten gehen lassen. Durchkneten, dabei so viel Mehl einarbeiten, dass er sich von der Arbeitsfläche löst.

4 Einen runden Laib formen und in ein bemehltes Brotformkörbchen legen. Den Brotlaib im Körbchen etwa 1 Stunde gehen lassen, dabei zudecken. Den Teig aus dem Körbchen auf ein mit Mehl bestaubtes Blech stürzen.

5 Das geformte Brot mit einem Holzstäbchen mehrmals bis zum Boden einstechen. Zunächst bei 220 °C im vorgeheizten Ofen 10 Minuten backen. Zur Erhöhung der Luftfeuchtigkeit zu Beginn der Backzeit etwas kochendes Wasser auf den Boden des Ofens gießen oder die Seitenwände mit Wasser besprühen. Danach die Temperatur auf 200 °C reduzieren und das Brot in weiteren 60 Minuten fertig backen.

Weizen-vollkornbrot

1 Die Hefe mit dem Zucker in der lauwarmen Butter-milch auflösen. Salz, Weizenvollkornmehl und 100 g Weizen-Vollkornschrot in einer Schüssel mischen. Die Hefemilch, den Rübensirup und das Öl dazugeben.

2 Alle Zutaten 10 Minuten kneten. Den Teig in einer Schüssel abgedeckt 30 Minuten gehen lassen. Anschließend wieder zusammenschlagen und noch einmal durchkneten. Den Teig ein weiteres Mal abge-deckt 30 Minuten gehen lassen.

3 Den Backofen auf 220 °C vorheizen. Ein Backblech mit Backpapier auslegen. Den Teig noch einmal kneten, zu einem runden Laib formen und auf dem Backblech abgedeckt 30 Minuten gehen lassen.

4 Den Teig einmal kreuzweise einschneiden, mit lauwarmem Wasser bestreichen und mit dem rest-lichen Vollkornschrot bestreuen. Das Brot im Ofen (Mitte, Umluft 200 °C) 10 Minuten vorbacken, dann bei 200 °C (Umluft 180 °C) in 50–60 Minuten fertig backen.

Zubereitungszeit: 45 Min.

Ruhezeit: 1 Std. 30 Min.

Backzeit: 60–70 Min.

gut vorzubereiten, preiswert

Zutaten für 1 Brot
42 g frische Hefe (1 Würfel)
1 TL Zucker
300 ml lauwarme Buttermilch
1 EL Salz
400 g Weizenvollkornmehl
100 g + 2 EL Weizen-Vollkornschrot
2 EL Zuckerrübensirup
4 EL Öl

Außerdem:

Backpapier für das Blech

Variante

Mischen Sie für einen kernigen Genuss 100 g Haselnüsse unter den Teig und verwenden Sie statt des neutralen Öls Hasel-nussöl. Die Teigoberfläche kann vor dem Backen auch mit groben Haferflocken bestreut werden.

Vollkornbrot

1 Für den Sauerteigansatz alle Zutaten miteinander verrühren. Ein Stück Klarsichtfolie direkt auf den Ansatz legen, mit einem Tuch bedecken und an einem warmen, zugfreien Ort 15–17 Stunden gehen lassen. Vom Ansatz 2–3 EL (80 g) Sauerteig für die Zubereitung des nächsten Brotes abnehmen. Er hält sich 1–2 Wochen im Kühlschrank oder tiefgekühlt bis zu 3 Monate.

2 Für das Brot die Weizenkörner waschen und in einem Topf mit Wasser bedecken. Zum Kochen bringen und etwa 30 Minuten bei reduzierter Hitze quellen lassen, bis die Körner weich sind. Gut abtropfen und abkühlen lassen.

3 Die beiden Mehlsorten, die Weizenkörner, die Sesamsamen, den Leinsamen, die Sonnenblumenkerne und das Salz in einer entsprechend großen Schüssel miteinander vermischen. Den Zuckerrübensirup, den Sauerteig sowie nach und nach das Wasser mit einem Rührlöffel einarbeiten, bis ein klebriger Teig entsteht. Ein Stück Klarsichtfolie auflegen und die Schüssel mit einem Tuch abdecken. Den Teig an einem warmen Ort etwa 30 Minuten gehen lassen.

4 Den Teig auf einer bemehlten Arbeitsfläche erneut durchkneten; dabei so viel Roggenmehl einarbeiten, dass er sich formen lässt. Einen Laib in der Länge der Kastenform herstellen. Die Form ausfetten und mit Mehl ausstauben. Den Laib einlegen, mit einem Tuch abdecken und 2–2 1/2 Stunden ruhen lassen.

5 Das Vollkornbrot bei 200 °C im vorgeheizten Ofen 60–70 Minuten backen; dabei für eine Erhöhung der Luftfeuchtigkeit sorgen, indem man kochendes Wasser direkt auf den Boden des Ofens gießt, eine Tasse Wasser während der ganzen Backzeit in den Ofen stellt oder nur zu Beginn des Backvorgangs die Seitenwände mit Wasser besprüht.

Zubereitungszeit: 1 Std.
Ruhezeit: 15–17 Std. + 3 Std.
Backzeit: 60–70 Min.
Vollwertrezept

Zutaten für 1 Brot

Für den Sauerteigansatz:

250 g Roggenschrot

100 g Weizenvollkornmehl

80 g Sauerteig (2–3 EL)

300 ml warmes Wasser

Für das Vollkornbrot:

50 g Weizenkörner

500 g Roggenmehl Type 997

175 g Weizenmehl Type 550

25 g Sesamsamen

25 g Leinsamen

25 g geschälte Sonnenblumenkerne

1–2 EL Salz

1 EL Zuckerrübensirup

650 g Sauerteig

500 ml lauwarmes Wasser

Außerdem:

1 Kastenform von 35 cm Länge

Frischhaltefolie

Fett und Mehl für die Form

Tipp

Wer mag, bestreut das Brot vor dem Backen zusätzlich mit den gleichen Samen, die auch im Teig verbacken sind.

Zubereitungszeit: 40 Min., Ruhezeit:
1 Std. 30 Min., Backzeit: 50–60 Min.
Spezialität aus Großbritannien

Zutaten für 2 Brote

250 g Weizenvollkornmehl

950 g Weizenmehl Type 550

125 g Gerstenmehl

4 TL Salz

60 g frische Hefe

875 ml lauwarmes Wasser

Außerdem:

2 Brotformkörbchen von 24 cm Ø

Mehl für das Blech

Info

Gerste zählt nicht zum klassischen Backgetreide, denn die Körner enthalten nur wenig Kleber – ein Protein, das für das Aufgehen des Teiges unerlässlich ist. Deshalb muss es zum Backen mit Weizenmehl gemischt werden; üblich ist ein Verhältnis von 1:10. Darüber hinaus wird Gerste nur selten bereits gemahlen angeboten. Benötigt man Gerstenmehl, bleibt nur das Selbermahlen in einer Getreidemühle, oder man kauft ganze Körner im Naturkostladen oder Reformhaus und lässt sie dort gleich mahlen.

Mischbrot mit Gerste

1 Das Weizenvollkornmehl in eine Schüssel füllen. Das helle Weizen- sowie das Gerstenmehl darüber sieben und alles mit dem Salz mischen.

2 Die Hefe unter Rühren im lauwarmen Wasser auflösen. Die Hefelösung zum Mehl gießen und den Schüsselinhalt zunächst mit einem Rührlöffel verrühren, dann mit den Händen zu einem geschmeidigen Teig verarbeiten. Sollte dieser kleben, noch etwas Mehl einarbeiten.

3 Den Teig zu einer Kugel formen, in die Schüssel legen, diese mit einem sauberen Tuch abdecken und an einen warmen, zugfreien Ort stellen. Den Teig 30–45 Minuten gehen lassen, bis sich sein Volumen verdoppelt hat.

4 Den Teig durchkneten, halbieren und 2 runde Laibe formen, die etwas kleiner sind als die zu verwendenden Brotformkörbchen. Die Brotlaibe zum Gehen in die Brotformkörbchen legen, damit sie eine gleichmäßige Form erhalten. Zugedeckt an einem warmen Ort 30–45 Minuten gehen lassen, bis sich das Volumen sichtbar vergrößert hat.

5 Die Brote auf ein mit Mehl bestaubtes Backblech stürzen. Bei 230 °C im vorgeheizten Ofen zunächst 10 Minuten backen, dann die Temperatur auf 200 °C herunterschalten und die Brote in weiteren 40–50 Minuten fertig backen.

Spanisches Gerstenbrot: Pan de cebada

Zubereitungszeit: 40 Min., Ruhezeit: 1 Std. 30 Min., Backzeit: 50–60 Min. Spezialität aus Galizien

1 Das Maismehl mit dem Wasser unter Rühren aufkochen und handwarm abkühlen lassen. Gersten- und Weizenmehl in einer Schüssel mischen. Die Hefe in 4 EL lauwarmem Wasser auflösen und mit dem Salz unter das Mehl rühren. Den Maisbrei unterkneten; am besten geht das in der Küchenmaschine. Den Teig zur Kugel formen und zugedeckt 30–45 Minuten gehen lassen, bis sich das Volumen verdoppelt hat.

2 Den Teig durchkneten und halbieren. In die gefetteten Kastenformen oder in die Brotformkörbchen legen und erneut 30–40 Minuten gehen lassen. Die Brote aus den Körbchen auf ein gefettetes Backblech stürzen.

3 Die Brote zunächst bei 230 °C im vorgeheizten Ofen etwa 10 Minuten backen, dann die Temperatur auf 200 °C herunterschalten und die Laibe in 30–40 Minuten fertig backen.

Zutaten für 2 Brote
200 g feines Maismehl
875 ml Wasser
125 g Gerstenmehl
675 g Weizenvollkornmehl
60 g frische Hefe
4 TL Salz

Außerdem:

2 Brotformkörbchen von 24 cm Ø

Fett für das Blech

Tipps

Zum Formen des „Pan de cebada", was nichts anderes als „Gerstenbrot" bedeutet, gibt es zwei Möglichkeiten: Entweder man backt das Brot in einer Kastenform von 30 cm Länge, oder man lässt den Teig in einem runden Brotformkörbchen von 24 cm Durchmesser gehen, dann erhält man einen runden Laib. Traditionell isst man das Brot zu Fisch, Paprika und Zwiebeln vom Grill. Aber auch Räucherfisch oder herzhafte Leberpasteten passen sehr gut dazu.

Zubereitungszeit: 30 Min.

Ruhezeit: 2 Std., Backzeit: 60–70 Min.

schnell, preiswert

Zutaten für 1 Brot
1 kg Mehl
42 g frische Hefe (1 Würfel)
1 TL Zucker
3/8 l lauwarme Milch
150 g Natursauerteig (Reformhaus)
2 EL Salz
1 Ei
300 g gekochte Pellkartoffeln
frisch geriebene Muskatnuss
1/4 Tasse kalter Kaffee
1 TL Fenchelsaat

Außerdem:

Backpapier für das Blech

Tipps

Damit das Brot beim Backen schön aufgeht, sollte man für „Beschwadung" sorgen, indem man kochendes Wasser direkt auf den Boden des Ofens gießt, eine Tasse Wasser während der ganzen Backzeit in den Ofen stellt oder nur zu Beginn des Backvorgangs die Seitenwände mit Wasser besprüht. Es mag etwas befremdlich klingen, aber am einfachsten geht das mit einem Blumen- oder Wäschebefeuchter.

Kartoffelbrot

1 Das Mehl in eine Schüssel geben und in die Mitte eine Mulde drücken. Die Hefe hineinbröckeln, den Zucker darüber streuen und mit etwas Milch glatt rühren. Den Ansatz abgedeckt 10 Minuten gehen lassen.

2 Den Beutel mit dem Sauerteig 10 Minuten in warmes Wasser legen. Den gegangenen Hefeansatz mit etwas Mehl bestäuben. Den Sauerteig, einen Großteil der Milch, das Salz und das Ei dazugeben. Die Kartoffeln pellen und darüber reiben. Teig mit Muskatnuss würzen. Alle Zutaten 10 Minuten kneten.

3 Den Teig abgedeckt in einer Schüssel 50 Minuten gehen lassen. Ein Backblech mit Backpapier auslegen. Den Teig noch einmal kneten und zu einem runden Laib formen. Auf das Backblech legen und zugedeckt 1 Stunde gehen lassen.

4 Den Backofen auf 250 °C vorheizen. In der Mitte des gegangenen Brots einen etwa 6 cm großen Kreis einschneiden. Von dort das Brot strahlenförmig einschneiden. Die Oberfläche mit Kaffee bestreichen, die Fenchelsaat in die Mitte des Kreises streuen und gut andrücken.

5 Das Brot in den Ofen schieben (Mitte, Umluft 230 °C) und sofort eine Tasse Wasser auf den Herdboden gießen. Nach 10 Minuten die Temperatur auf 200 °C (Umluft 180 °C) reduzieren und das Brot in 50–60 Minuten fertig backen. Anschließend noch einmal mit Kaffee bestreichen.

Zubereitungszeit: 1 Std., Ruhezeit:
1 Std. 45 Min., Backzeit: 40 Min.
Spezialität aus Nordengland

Zutaten für 2 Brote

250 g mittelgrobes Hafermehl

300 ml Milch

450 g Weizenmehl Type 550

30 g frische Hefe

1 gestrichener EL Zucker

1/8 l lauwarmes Wasser

3 TL Salz

60 g zerlassene Butter

Außerdem:

2 Kastenformen von 20 cm Länge

etwas Milch zum Bestreichen

10 g mittelgrobes Hafermehl zum
Bestreuen

Tipp

Das Kastenbrot mit Hafermehl
ist ein traditionelles Rezept aus
der englischen Grafschaft
Lancashire. Die Zubereitung ist
einfach, allerdings bekommt
man hierzulande kaum bereits
gemahlenen Hafer. In den meisten Naturkostläden oder Reformhäusern kann man die Körner
jedoch nach Wunsch frisch aus-
mahlen lassen.

Kastenbrot mit Hafermehl

1 Das Hafermehl mit der Milch übergießen und
30 Minuten ziehen lassen. Das Weizenmehl in eine
Schüssel sieben und in die Mitte eine Mulde drücken.
Hefe und Zucker im Wasser auflösen. In die Mulde
gießen und mit etwas Mehl vom Rand verrühren. Den
Ansatz mit Mehl bestauben. Die Schüssel mit einem
Tuch abdecken und den Teig etwa 15 Minuten gehen
lassen, bis die Oberfläche Risse zeigt.

2 Hafermehl, Salz und Butter unter den Vorteig
mischen. Alles zu einem glatten Teig verarbeiten,
dabei mindestens 10 Minuten kneten. Den Teig zu
einer Kugel formen und zugedeckt 30–45 Minuten
gehen lassen, bis sich sein Volumen verdoppelt hat.

3 Den Teig erneut durchkneten und zu 2 Rollen von
jeweils 20 cm Länge formen. Die Kastenformen
mit Mehl ausstauben und je 1 Teigrolle einlegen.
Erneut zugedeckt 30–45 Minuten gehen lassen. Die
Brote mit Milch bestreichen und mit Hafermehl bestreuen. Bei 210 °C im vorgeheizten Ofen 40 Minuten
backen. Die Brote aus den Formen nehmen und auskühlen lassen.

Hafer-Fladenbrot

1 Das Weizenmehl sieben, mit dem Hafermehl vermischen und eine Mulde eindrücken. Die Hefe hineinbröckeln, in 180 ml Wasser auflösen und dabei etwas Mehl vom Rand untermischen. Ansatz mit Mehl bestauben, zugedeckt etwa 15 Minuten gehen lassen.

2 Das Salz, die Haferflocken, das restliche Wasser, Kreuzkümmel und Koriander untermischen und alles zu einem glatten Teig verkneten. Den Teig mit einem Tuch abdecken und 30–45 Minuten gehen lassen, bis sich sein Volumen verdoppelt hat.

3 Den Teig durchkneten. In 3 Teile teilen und diese auf einer bemehlten Arbeitsfläche zu Fladen von 18 cm Durchmesser ausrollen. Auf einem bemehlten Backblech 15 Minuten gehen lassen. Mit Eigelb bestreichen und mit den Gewürzen bestreuen. Bei 200 °C im vorgeheizten Ofen 20 Minuten backen.

Zubereitungszeit: 30 Min.
Ruhezeit: 45–60 Min., Backzeit: 20 Min.
Spezialität aus Schottland

Zutaten für 3 Brote

300 g Weizenmehl Type 550

100 g Hafermehl

21 g frische Hefe (1/2 Würfel)

380 ml lauwarmes Wasser

1 1/2 TL Salz

100 g feine Haferflocken

1 TL Kreuzkümmel

1 TL grob gestoßener Koriander

Außerdem:

1 Eigelb, mit 2 EL Wasser verquirlt

grobes Meersalz, Kreuzkümmel,

gestoßener Koriander

Tipp

Das kernige „oatmeal" wird vor allem in Nordengland und Schottland verwendet. Frisch gebackenes Hafer-Fladenbrot schmeckt mit leicht gesalzener Butter und einem Stück Cheddar besonders gut.

Kürbisbrot

1 Zunächst das Kürbispüree zubereiten. Dazu den Kürbis vierteln, mit einem Löffel das faserige Innere mitsamt den Samen entfernen.

2 Die Kürbisstücke entweder in einen Bräter setzen, 2 cm hoch Wasser angießen, mit Alufolie abdecken und bei 180 °C im vorgeheizten Ofen 40–50 Minuten garen. Oder die Kürbisviertel einzeln in Alufolie wickeln und 60 Minuten im Ofen garen. Kürbisstücke herausnehmen und etwas abkühlen lassen. Das Fruchtfleisch mit dem Messer aus der Schale lösen und durch ein feines Sieb streichen.

3 Für den Teig die Milch in eine Rührschüssel gießen. Die Hefe hineinbröckeln, den Zucker zufügen und beides mit der Milch unter Rühren auflösen. Die beiden Mehlsorten mischen. 6 EL der Mehlmischung unter die Hefemilch rühren. Die Schüssel mit einem sauberen Tuch abdecken und den Vorteig zugedeckt an einem warmen, zugfreien Ort etwa 15 Minuten gehen lassen.

4 Das Kürbispüree nach und nach mit dem Knethaken der Küchenmaschine unter den Vorteig rühren. Mit Ingwer und Salz würzen, etwa 1/3 des Mehls einarbeiten. Das restliche Mehl nach und nach unterkneten. Alles mit der Butter zu einem glatten Teig verarbeiten. In Abhängigkeit von der Konsistenz des Kürbispürees kann die benötigte Menge des Mehls variieren. Der Teig ist dann richtig, wenn er sich gut vom Rand der Rührschüssel lösen lässt.

5 Den Teig aus der Schüssel nehmen, auf einer Arbeitsfläche mit den Händen gut durchkneten, bis er glatt und geschmeidig ist, und zu einer Kugel formen. Das Brotformkörbchen mit Mehl ausstauben. Den Teig darin zugedeckt 30–45 Minuten gehen lassen, bis sich sein Volumen verdoppelt hat. Ein Backblech mit Öl fetten und mit Mehl bestauben. Das Brot darauf stürzen und erneut kurz gehen lassen.

6 Eine Tasse Wasser in den Ofen stellen und diesen auf 220 °C vorheizen. Das Brot in den Ofen schieben und bei 220 °C 15 Minuten backen. Auf 200 °C zurückschalten und in 35 Minuten fertig backen.

Zubereitungszeit: 1 Std. 30 Min.
Ruhezeit: 45–60 Min., Backzeit: 50 Min.
raffiniert

Zutaten für 1 Brot

1 Kürbis von etwa 1 kg

100 ml lauwarme Milch

21 g frische Hefe (1/2 Würfel)

1 1/2 gestrichene EL brauner Zucker

350 g Dinkelmehl

350 g Weizenmehl Type 1050

1 gestrichener TL gemahlener Ingwer

2 TL Meersalz, 25 g weiche Butter

Außerdem:

Alufolie

1 Brotformkörbchen von 24 cm Ø

Mehl und Öl für Körbchen und Blech

Tipp

Kürbispüree (400 g braucht man davon pro Laib) ist auch im Bio-Supermarkt im Glas erhältlich. Ein besonders feines Aroma bekommt es aber, wenn man es aus Moschuskürbissen – zum Beispiel dem im Herbst fast überall erhältlichen, orangefarbenen Hokkaidokürbis – selbst herstellt. Es lässt sich portionsweise einfrieren, so dass man das Brot auch außerhalb der Kürbissaison backen kann.

Zubereitungszeit: 40 Min., Ruhezeit:
1 Std. 30 Min., Backzeit: 45 Min.

kernig

Zutaten für 1 Brot
200 g grob gehackte Walnüsse
100 g grober Weizenschrot
2 TL Puderzucker
300 g Weizenmehl Type 550
200 g Roggenmehl Type 1370
42 g frische Hefe (1 Würfel)
1 EL brauner Zucker
3/8 l lauwarme Milch
3 TL Salz

Außerdem:

Mehl zum Bestauben und für
das Backblech

Tipp

Walnüsse bewahrt man am
besten kühl in einem luftdich-
ten und lichtundurchlässigen
Behälter auf. Zu warm gelagert
schmecken sie nach einiger
Zeit ranzig. Außerdem verlieren
sie wertvolle Vitamine, wenn sie
längere Zeit dem Licht ausge-
setzt sind.

Walnussbrot

1 Die Walnüsse in einer beschichteten Pfanne ohne
Fettzugabe unter ständigem Wenden rösten, bis sie
angenehm duften. Die Nüsse aus der Pfanne nehmen.

2 Den Weizenschrot in der Pfanne ebenfalls unter
Rühren leicht anrösten. Die Walnüsse untermi-
schen. Den Puderzucker darüber streuen und unter
Rühren karamellisieren lassen. Die Mischung in eine
Schüssel füllen und etwas abkühlen lassen.

3 Weizen- und Roggenmehl miteinander vermischen und über die Nussmischung sieben. In die
Mitte eine Mulde drücken. Die Hefe hineinbröckeln
und den braunen Zucker zufügen. Etwas Milch in die
Mulde gießen und die Hefe darin unter Rühren auflösen, dabei etwas Mehl vom Rand mit untermischen.
Den Ansatz mit Mehl bestauben, die Schüssel mit
einem sauberen Tuch bedecken und an einen warmen,
zugfreien Ort stellen. Den Ansatz etwa 15 Minuten
gehen lassen, bis die Oberfläche Risse zeigt.

4 Das Salz auf den Mehlrand streuen. Die restliche
Milch in die Schüssel gießen und, von der Mitte
aus beginnend, alle Zutaten miteinander verrühren.
Mit den Händen zu einem geschmeidigen Teig verkneten. Erneut abdecken und etwa 30 Minuten ruhen
lassen, bis sich das Volumen deutlich vergrößert hat.

5 Den Teig durchkneten und zu einem länglichen
Laib formen. Auf ein bemehltes Backblech legen,
die Oberfläche des Laibes mit Mehl bestauben und
abgedeckt erneut etwa 45 Minuten ruhen lassen.

6 Das Brot bei 200 °C im vorgeheizten Ofen etwa
45 Minuten backen. Herausnehmen und auf
einem Kuchengitter auskühlen lassen.

Erdnussbrot

1 Beide Mehlsorten in eine Schüssel sieben und in die Mitte eine Mulde drücken. Die Hefe in 75 ml Wasser auflösen, die Flüssigkeit in die Mulde gießen und mit etwas Mehl vom Rand verrühren. Den Ansatz mit Mehl bestauben, mit einem sauberen Tuch abdecken und den Teig an einem warmen, zugfreien Ort etwa 15 Minuten gehen lassen, bis die Oberfläche Risse zeigt.

2 Den Sauerteig mit dem restlichen Wasser, dem Ahornsirup und dem Salz verrühren und diese Mischung zum Vorteig geben. Alles zu einem glatten Teig verkneten. Den Teig zu einer Kugel formen, in die Schüssel geben und weitere 30–45 Minuten zugedeckt gehen lassen, bis er das Doppelte seines Volumens erreicht hat.

3 In der Zwischenzeit Erdnüsse schälen und grob hacken. Eine beschichtete Pfanne ohne Fett erhitzen und die Erdnüsse darin unter Rühren goldgelb rösten. Herausnehmen und leicht abkühlen lassen.

4 Die Erdnüsse in den Teig einarbeiten und diesen zu einer Kugel formen. Das Brotformkörbchen mit Mehl ausstauben und die Teigkugel hineinlegen. Zugedeckt 1 Stunde gehen lassen.

5 Ein Backblech fetten und mit Mehl bestreuen. Den gegangenen Teig aus dem Körbchen auf das Blech stürzen. Das Brot bei 210 °C im vorgeheizten Ofen etwa 55 Minuten backen. Herausnehmen und auf einem Kuchengitter abkühlen lassen.

Zubereitungszeit: 45 Min., Ruhezeit: 1 Std. 55 Min., Backzeit: 55 Min.

Spezialität aus Kanada

Zutaten für 1 Brot
350 g Roggenmehl Type 997
150 g Weizenmehl Type 1050
21 g frische Hefe (1/2 Würfel)
300 ml lauwarmes Wasser
75 g Sauerteig
3 EL Ahornsirup
1 EL Salz
100 g frische Erdnüsse in der Schale

Außerdem:

1 rundes Brotformkörbchen von 24 cm Ø

Fett und Mehl für das Blech

Info

Ahornsirup, der vor allem im Osten Kanadas und der USA durch langsames Einkochen von Zuckerahornsaft hergestellt wird, ist mittlerweile auch bei uns fast überall problemlos erhältlich. In seiner Heimat wird er nach Geschmack und Farbe klassifiziert. Die beiden besten Qualitätsstufen, als „Grad AA" und „Grad A" bezeichnet, sind süß, bernsteinfarben und haben ein feines Karamellaroma.

Zubereitungszeit: 30 Min., Ruhezeit:
1 Std. 15 Min., Backzeit: 50 Min.
schnell, gut vorzubereiten

Zutaten für 1 Zopf
42 g frische Hefe (1 Würfel)
1 TL Zucker
350 ml lauwarmes Wasser
375 g Weizenmehl Type 550
250 g Roggenmehl Type 1150
125 g Grünkernschrot
3 TL Salz
5 EL Olivenöl
250 g Gruyère
1 Eiweiß
1 EL Kümmel

Außerdem:
Backpapier für das Backblech

Dreikornzopf mit Käse

1 Die Hefe mit dem Zucker im lauwarmen Wasser auflösen. Die Mehlsorten und den Schrot mit dem Salz mischen. Das Hefewasser und das Öl dazugießen und alles 10 Minuten kneten.

2 Den Teig in einer Schüssel abgedeckt 30 Minuten gehen lassen. Den Käse grob reiben. Den gegangenen Teig mit etwa 200 g geriebenem Käse verkneten und noch einmal abgedeckt 30 Minuten gehen lassen.

3 Den Backofen auf 190 °C vorheizen. Ein Backblech mit Backpapier auslegen. Den Teig in 3 gleich große Stücke teilen, zu etwa 30 cm langen Rollen formen und auf dem Backblech zu einem Zopf flechten.

4 Den Käsezopf ein weiteres Mal abgedeckt 15 Minuten gehen lassen. Dann im Ofen (Mitte, Umluft 170 °C) 30 Minuten backen. Das Eiweiß mit einigen Tropfen Wasser verrühren. Zopf damit bestreichen, mit dem restlichen Käse und dem Kümmel bestreuen. Den Zopf weitere 15–20 Minuten backen.

Variante

Sie können den Käsezopf auch so herstellen: Rollen Sie die drei Teigstränge 1/2 cm dick aus, bestreuen Sie sie mit geriebenem Käse, rollen Sie die Stränge von der Längsseite her auf und flechten Sie aus den gefüllten Rollen einen Zopf.

Zubereitungszeit: 30 Min.

Ruhezeit: 12 Std. + 50–55 Min.

Backzeit: 40 Min.

Spezialität aus Italien

Zutaten für 2 Brote

Für den Ansatz:

250 g Weizenmehl Type 550

120 g frische Hefe

150 ml lauwarmes Wasser

Für den Brotteig:

300 ml lauwarmes Wasser

600 g Weizenmehl Type 550

1 Prise Salz

Außerdem:

Mehl für das Blech

Tipp

Mit dem toskanischen Weißbrot lassen sich sehr gut „Crostini", die italienische Vorspeise aus gerösteten Weißbrot, zubereiten. Für den Belag das Fruchtfleisch von 500 g Tomaten würfeln, mit 2 gehackten Knoblauchzehen und 2 EL in Salz eingelegten, gehackten Kapern mischen. Die Blätter von 1 Bund Basilikum in Streifen schneiden, mit 2–3 EL Olivenöl unter die Tomatenmischung rühren. Salzen, pfeffern und auf den zuvor gerösteten Weißbrotscheiben anrichten.

Weißbrot aus der Toskana

1 Das Mehl für den Ansatz in eine entsprechend große Schüssel sieben und in die Mitte eine Mulde drücken. Die Hefe in dem lauwarmen Wasser auflösen und in der Mulde mit so viel Mehl vom Rand vermischen, dass ein dicker Teig entsteht. Mit Mehl bestauben, die Schüssel mit einem sauberen Küchentuch bedecken und den Teigansatz 12 Stunden gehen lassen.

2 Das Wasser für den Brotteig unter den Ansatz rühren. 500 g Mehl darüber sieben, salzen und mit einem Rührlöffel kräftig durchschlagen, bis sich der Teig vom Schüsselrand löst. Zudecken und 30 Minuten auf das doppelte Volumen gehen lassen. Das restliche Mehl auf eine Arbeitsfläche sieben und so viel davon unter den Teig kneten, dass dieser sich gut von der Arbeitsfläche löst.

3 Den Teig halbieren und zwei runde Brotlaibe daraus formen. Ein Backblech gleichmäßig mit Mehl bestauben, die Laibe darauf setzen, zudecken und erneut 20–25 Minuten gehen lassen, bis sich ihr Volumen sichtbar vergrößert hat.

4 Die Brote bei 200 °C im vorgeheizten Ofen etwa 40 Minuten backen. Zur Erhöhung der Luftfeuchtigkeit zu Beginn etwas kochendes Wasser auf den Boden des Ofens gießen oder die Seitenwände mit Wasser besprühen. Die fertig gebackenen Brote aus dem Ofen nehmen und auskühlen lassen.

Ciabatta

1 500 g Mehl sieben und in die Mitte eine Mulde drücken. Die Hefe im Wasser mit 1 TL Zucker auflösen, in die Mulde gießen und mit etwas Mehl vom Rand verrühren. Den Vorteig mit Mehl bestauben und 1 Stunde gehen lassen.

2 Mit den restlichen Zutaten inklusive des übrigen Zuckers zu einem glatten Teig verkneten, zu einer Kugel formen und etwa 3 Stunden gehen lassen. Zusammenschlagen, weitere 3 Stunden gehen lassen.

3 Den Teig auf einer stark bemehlten Arbeitsfläche flach klopfen und in 3 gleich große Stücke teilen. Jeweils durchkneten und 2 Minuten ruhen lassen. Zu drei flachen Rechtecken von etwa 20 x 30 cm formen. Die schmalen Seiten einschlagen, die Teigplatten von der Längsseite her aufrollen. Auf einem bemehlten Blech 20–30 Minuten gehen lassen. Bei 250 °C im vorgeheizten Ofen 20–25 Minuten backen.

Zubereitungszeit: 30 Min.

Ruhezeit: 6 Std., Backzeit: 20–25 Min.

Spezialität aus Italien

Zutaten für 3 Brote
750 g Weizenmehl Type 550
42 g frische Hefe (1 Würfel)
1/2 l lauwarmes Wasser
2 TL Zucker
160 ml Olivenöl
3 TL Salz

Außerdem:

Mehl für das Blech

Variante

Aus dem Teig kann man auch Brötchen, Ciabattini, backen. Die Teigstränge dazu in je 4 Portionen teilen und die Brötchen vor dem Backen 30 Minuten gehen lassen.

31

Baguette

1 Das Mehl in eine Schüssel sieben und mit dem Salz vermischen. Die Hefe in etwas Wasser auflösen und mit dem restlichen Wasser nach und nach unter das Mehl rühren, bis ein geschmeidiger Teig entsteht. Den Teig mit den Händen 10 Minuten oder mit der Küchenmaschine 5 Minuten kneten. Zu einer Kugel formen, in die Schüssel legen und mit Mehl bestauben. Die Schüssel mit einem sauberen Tuch abdecken und den Teig 5–6 Stunden gehen lassen.

2 Den Teig auf einer bemehlten Arbeitsfläche erneut durchkneten. Sollte er feucht sein, so viel Mehl unterarbeiten, dass sich der Teig gut von der Arbeitsfläche löst.

3 Teig in 6 Stücke von je etwa 300 g teilen und zu 40 cm langen Brotstangen formen. Auf ein leicht bemehltes Blech legen und erneut zugedeckt etwa 30 Minuten gehen lassen, bis sich ihr Volumen deutlich vergrößert hat.

4 Die Brotlaibe mit einem scharfen Messer mehrmals an der Oberfläche schräg einritzen. Das Eiweiß mit 7–8 EL Wasser verquirlen und die Oberflächen damit bestreichen.

5 Die Baguettes bei 220 °C im vorgeheizten Ofen in etwa 20 Minuten goldbraun backen. Um die Luftfeuchtigkeit zu erhöhen, zu Beginn der Backzeit etwa 1/8 l kochendes Wasser auf den Boden des Ofens gießen oder die Seitenwände mit etwas Wasser, zum Beispiel aus der Blumenspritze, besprühen. Die Brote sind fertig, wenn man auf die Unterseite klopft und es sich hohl anhört.

Zubereitungszeit: 25 Min.
Ruhezeit: 5–6 Std. + 30 Min.
Backzeit: 20 Min.
Klassiker, Spezialität aus Frankreich

Zutaten für 6 Stück

1 kg Weizenmehl Type 550
4 TL Salz
42 g frische Hefe (1 Würfel)
etwa 1/4 l lauwarmes Wasser

Außerdem:
1/2 Eiweiß
Mehl für das Blech

Info

In Frankreich wird das typische Stangenweißbrot mehr oder weniger dick gebacken. Nur die dickere Variante nennt man Baguette, die dünnere heißt bezeichnenderweise „flûte" – Flöte. Meist schneidet man ein solches Brot nicht mit dem Messer, sondern bricht sich einfach bei Tisch ein Stück ab. Eine Ausnahme sind die „sandwiches": Dick mit Schinken oder Käse belegt, eignen sie sich optimal als Proviant für Ausflüge.

Zubereitungszeit: 45 Min., Ruhezeit:
1 Std. 30 Min., Backzeit: 50–60 Min.

Klassiker

Zutaten für 1 Brot
800 g Weizenmehl Type 550
3 gestrichene TL Salz
1/4 l lauwarmes Wasser
1/4 l lauwarme Milch
42 g frische Hefe (1 Würfel)
100 g weiche Butter

Außerdem:

1 Kastenform von 30 cm Länge

Butter für die Form

Variante

Wer sich die Mühe des Flechtens nicht machen möchte, kann auch einen glatten Teigstrang von 30 cm Länge in die Form legen. Das Brot geht besonders schön auf und erhält eine feinere Porung, wenn man eine Rolle von 60 cm Länge formt, diese in vier gleich große Stücke teilt und je zwei davon nebeneinander in die Form legt. Weil die Krume des Brotes sehr weich ist, sollte man es zwei Tage liegen lassen, bevor man es röstet – es lässt sich dann viel einfacher und gleichmäßiger aufschneiden.

Toastbrot

1 Das Mehl in eine Schüssel sieben, mit dem Salz vermengen und in die Mitte eine Mulde drücken. Das Wasser mit der Milch vermischen und die Hefe darin auflösen. Die Hefelösung in die Mulde gießen. Die Butter in Stückchen schneiden und auf das Mehl setzen. Alle Zutaten zunächst mit einer Gabel verrühren und dann mit den Händen zu einem geschmeidigen Teig kneten.

2 Den Teig zu einer Kugel formen und mit einem sauberen Tuch zugedeckt an einem warmen, zugfreien Ort etwa 30 Minuten gehen lassen, bis sich sein Volumen verdoppelt hat.

3 Die Kastenform ausfetten. Den Teig auf einer bemehlten Arbeitsfläche erneut durchkneten und zu einem Zopf flechten. Dazu den Teig in drei Stränge teilen; von der Mitte her zuerst zum einen, dann zum anderen Ende flechten. Enden gut zusammendrücken. Den Zopf in die Form legen, diese mit dem Tuch zudecken und den Teig nochmals an einem warmen Ort 45–60 Minuten gehen lassen, bis sich sein Volumen so vergrößert hat, dass die Form mit Teig ausgefüllt ist.

4 Das Kastenbrot 50–60 Minuten bei 200 °C im vorgeheizten Ofen backen. Wenn man das Brot 10 Minuten vor Ende der Garzeit aus der Form nimmt und ohne Form fertig backt, erhält es rundum eine schöne Kruste.

Finnisches Knäckebrot

1 Alle Mehlsorten, Schrot und Backpulver in einer Schüssel mischen. Salz, Zucker und Anis darüber streuen. Butter, Milch und Wasser unterrühren und alles zu einem glatten Teig verkneten. Mit einem sauberen Tuch abdecken und etwa 1 Stunde ruhen lassen.

2 Den Teig durchkneten, in etwa 20 gleich große Stücke teilen und diese zu Kugeln formen. Die Teigkugeln auf einer bemehlten Arbeitsfläche zu dünnen Fladen von 10 cm Durchmesser ausrollen. Ein Backblech mit Kleie ausstreuen und die Fladen auflegen. Jeden Fladen mit einer Gabel gleichmäßig dicht nebeneinander einstechen.

3 Die Brote bei 160 °C im vorgeheizten Ofen auf der mittleren Schiene nacheinander 10–15 Minuten backen; sie sollen dabei nicht braun werden. Wenn es schneller gehen soll, kann man die Knäckebrote auch auf 2 Backblechen gleichzeitig backen. Dafür die Bleche jeweils auf der zweiten Leiste von oben und unten einschieben, aber während der Backzeit mehrfach umschichten. Die fertigen Knäckebrote zum Schluss noch bei 50 °C etwa 10 Minuten trocknen.

siehe Abbildung Seite 36

Zubereitungszeit: 25 Min.

Ruhezeit: 1 Std., Backzeit: 10–15 Min.

Trockenzeit: 10 Min.

Spezialität aus Finnland

Zutaten für 20 Stück
150 g Roggenmehl Type 1150
150 g Weizenmehl Type 550
150 g Roggenvollkornmehl
50 g Haferschrot
1 TL Backpulver
1 1/2 gestrichene TL Salz
1 EL Zucker
1 TL zerstoßener Anis
70 g zerlassene Butter
150 ml lauwarme Milch
etwa 1/4 l lauwarmes Wasser

Außerdem:

Kleie für das Backblech

Info

In Skandinavien gehören diese knusprigen, dünnen Fladen unbedingt zu jedem üppigen Büffet. Das schwedische Knäckebrot besteht nur aus Weizen und Gerste und passt, da es selbst einfach ist, zu kräftigen Speisen. Die finnische Variante ist ein Vollkornknäckebrot, das mit Anis gewürzt ist und etwas mehr Eigengeschmack besitzt.

Schwedisches Knäckebrot

Zubereitungszeit: 25 Min.
Ruhezeit: 1 Std., Backzeit: 20 Min.
Klassiker, Spezialität aus Schweden

1 Beide Mehlsorten in eine Schüssel sieben und in die Mitte eine Mulde drücken. Hefe und Zucker im Wasser auflösen, in die Mulde gießen und mit etwas Mehl vom Rand vermischen. Butter sowie Salz zufügen und alles zu einem geschmeidigen Teig verkneten. Mit einem sauberen Tuch bedecken und den Teig an einem warmen Ort etwa 45 Minuten gehen lassen.

2 Den Teig durchkneten und in 5 Portionen teilen. Jede Teigportion auf einer bemehlten Arbeitsfläche zu einem Fladen von 25 cm Durchmesser ausrollen. Aus jedem Teigfladen in der Mitte einen Kreis von 5 cm Durchmesser ausstechen und die Fladen mit einer Gabel etwa 20-mal einstechen und weitere 15 Minuten gehen lassen.

3 Ein Blech mit Backpapier auslegen und die Brote darauf nacheinander bei 200 °C im vorgeheizten Ofen auf der untersten Schiene etwa 20 Minuten backen. Aus dem Ofen nehmen und auf einem Kuchengitter auskühlen lassen.

oben im Bild: Schwedisches Knäckebrot

unten im Bild: Finnisches Knäckebrot (Rezept S. 35)

Zutaten für 5 Stück
300 g Weizenmehl Type 405
200 g Gerstenmehl
25 g frische Hefe
1 EL Zucker
1/4 l lauwarmes Wasser
30 g Butter, in Stückchen
1 1/2 gestrichene TL Salz

Außerdem:

Backpapier für das Backblech

Info

Knäckebrot ist monatelang haltbar. Das Loch in der Mitte diente früher dazu, dass man es – zum Schutz vor Mäusen – auf Stangen aufhängen konnte. Besonders Vollkornknäcke enthält viele Ballaststoffe und wirkt vorbeugend gegen Verstopfung und andere Erkrankungen.

Zubereitungszeit: 45 Min., Ruhezeit:
1 Std. 25 Min., Backzeit: 1 Std.

raffiniert, macht was her

Zutaten für 1 Brot
700 g Weizenmehl Type 1050
1 TL Zucker
2 TL Salz
1/4 l lauwarmer Kefir
1/4 l lauwarmes Wasser
42 g frische Hefe (1 Würfel)
je 1 Bund glatte Petersilie, Schnittlauch und Basilikum
einige Zweige frischer Thymian
einige Borretschblätter
2 Knoblauchzehen

Außerdem:

1 Kastenform von 35 cm Länge

Butter für die Form

1 Eigelb, verquirlt mit 1 EL Milch

Info

Kefir stammt ursprünglich aus dem Kaukasus und gilt dort als Heilmittel. Er entsteht aus einer Kefirkultur mit Milchsäurebakterien und Hefepilzen. Wird die Kefirkultur mit Milch in einem Glas angesetzt, erhält man nach etwa einem Tag ein wohlschmeckendes Sauermilchgetränk.

Kastenbrot mit Kräutern und Kefir

1 Mehl in eine Schüssel sieben und mit Zucker und Salz vermengen. Den Kefir mit dem Wasser verdünnen und die Hefe darin auflösen. Die Hefelösung unter das Mehl rühren und alles zu einem geschmeidigen Teig verkneten. Den Teig mit einem Tuch abdecken und an einem warmen Ort 30–40 Minuten gehen lassen, bis sich sein Volumen verdoppelt hat.

2 Die Kräuter waschen, trockenschleudern und ganz fein hacken oder in Röllchen schneiden. Die Knoblauchzehen schälen und ganz fein würfeln.

3 Den Teig durchkneten und auf einer bemehlten Arbeitsfläche zu einer Fläche von 30 x 50 cm Größe ausrollen. Kräuter und Knoblauch darauf verteilen und den Teig von der kurzen Seite her aufrollen.

4 Die Form fetten. Die Teigroulade hineinlegen und zugedeckt 45 Minuten gehen lassen. Die Oberfläche mit dem verquirlten Eigelb bestreichen. Das Brot bei 175 °C im vorgeheizten Ofen 1 Stunde backen.

Südamerikanisches Gewürzbrot

Zubereitungszeit: 25 Min.

Ruhezeit: 45 Min., Backzeit: 1 Std.

Spezialität aus Argentinien

1 Das Mehl in eine Schüssel sieben und in die Mitte eine Mulde drücken. Die Hefe in der Milch auflösen, in die Mulde gießen und mit etwas Mehl vom Rand vermischen. Den Ansatz mit Mehl bestauben und den Vorteig etwa 15 Minuten zugedeckt gehen lassen, bis die Oberfläche Risse zeigt.

2 Von der Chilischote Samen und Scheidewände entfernen und das Fruchtfleisch fein hacken. Den Knoblauch schälen und fein hacken. Den weichen Teig am besten mit den Knethaken der Küchenmaschine kneten, dabei die restlichen Zutaten untermischen. Den Teig erneut etwa 30 Minuten gehen lassen.

3 Den Teig kurz durchkneten, zu einem länglichen Laib formen, in die gefettete Form setzen und bei 200 °C im vorgeheizten Ofen 1 Stunde backen.

Zutaten für 1 Brot
500 g Weizenmehl Type 405
42 g frische Hefe (1 Würfel)
etwa 400 ml lauwarme Milch
1/2 rote Chilischote
1 Knoblauchzehe
1 1/2 TL Salz
1 TL gemahlener Kümmel

Außerdem:

1 Kastenform von 25 cm Länge

Butter für die Form

Tipps

Chilis enthalten Capsaicin, das Brennen verursacht, aber sonst keinen Eigengeschmack hat. Deshalb bei der Zubereitung am besten Gummihandschuhe tragen und sich auf keinen Fall in Augen oder Mund fassen. Das fertige Brot sollte man einen oder zwei Tage durchziehen lassen, damit sich die Aromen optimal entfalten können.

Zubereitungszeit: 35 Min., Ruhezeit:
1 Std. 30 Min., Backzeit: 35–40 Min.
Spezialität aus Griechenland

Zutaten für 1 Brot

500 g Weizenmehl Type 405

21 g frische Hefe (1/2 Würfel)

260 ml lauwarmes Wasser

70 g Zwiebel

100 g schwarze Oliven ohne Stein

3 TL Salz

Außerdem:

Weizenkleie zum Bestreuen des
Backblechs

Variante

Ein zypriotisches Rezept für
den gleichen Brotteig ist etwas
gehaltvoller: Statt der Oliven
knetet man einfach 100 g in
Würfel geschnittenen Hartkäse
aus Schafmilch unter den Teig.
Dann fehlt nur noch ein Glas
Wein dazu – zu beiden Broten
empfiehlt sich ein leichter, tro-
ckener Rotwein – und schon ist
eine einfache, aber köstliche
sommerliche Zwischenmahlzeit
komplett.

Olivenbrot

1 Das Mehl in eine Schüssel sieben und in die Mitte
eine Mulde drücken. Die Hefe hineinbröckeln, mit
dem Wasser auflösen und dabei etwas Mehl vom Rand
mit untermischen. Den Ansatz mit Mehl bestauben.
Die Schüssel mit einem sauberen Tuch abdecken und
den Teig an einem warmen, zugfreien Ort etwa 15 Minuten gehen lassen, bis die Oberfläche Risse zeigt.

2 Die Zwiebel schälen und fein hacken. Die Oliven
mit etwas Mehl bestauben. Zwiebelwürfel, Oliven
und Salz zum Vorteig geben und alles zu einem glatten
Teig verkneten. Zu einer Kugel formen, in eine Schüssel
legen und den Teig zugedeckt weitere 30–45 Minuten
gehen lassen, bis er das Doppelte seines Volumens
erreicht hat.

3 Den Teig erneut durchkneten und zu einem länglichen Laib formen. Ein Backblech mit Weizenkleie
bestreuen und den Laib darauf setzen. Erneut zugedeckt an einem warmen Ort 30 Minuten gehen lassen.
Das Brot etwa 35–40 Minuten im vorgeheizten Ofen bei
200 °C backen. Herausnehmen und das Olivenbrot auf
einem Kuchengitter abkühlen lassen.

Zubereitungszeit: 55 Min., Ruhezeit:
1 Std. 30 Min., Backzeit: 35–40 Min.
fürs Büfett

Zutaten für 2 Brote

Für die eingelegten Tomaten:

120 g sonnengetrocknete Tomaten

100 ml Essig

2 Chilischoten

2 Knoblauchzehen

2 Thymianzweige

6–8 Basilikumblätter

etwa 200 ml Olivenöl

Für den Brotteig:

675 g Weizenmehl Type 405

35 g frische Hefe

1/4 l lauwarme Milch

125 g getrocknete Tomaten in Öl (siehe
oben)

75 ml natives Olivenöl extra

1 Ei

8 g Salz

25 g Zucker

100 g Zwiebeln

1 EL Olivenöl

1 TL gehackte Thymianblättchen

Außerdem:

Mehl zum Bestauben

grober weißer Pfeffer

grobes Salz

Würziges Tomatenbrot

1 Zunächst die Tomaten einlegen. Dazu die getrockneten Tomaten in kochendem Essigwasser etwa 5 Minuten kochen, abtropfen lassen und in ein entsprechend großes Glas schichten. Chilischoten halbieren, Stielansätze, Samen und Scheidewände entfernen. Die Knoblauchzehen schälen und halbieren. Chilischoten, Knoblauch, Thymian und Basilikum auf die Tomaten legen. Mit Olivenöl vollständig begießen. Zudecken und 3 Tage im Kühlschrank durchziehen lassen.

2 Für das Brot das Mehl in eine Schüssel sieben und eine Mulde in die Mitte drücken. Die Hefe hineinbröckeln, mit der lauwarmen Milch auflösen, etwas Mehl vom Rand untermischen. Den Ansatz mit Mehl bestauben, die Schüssel mit einem Tuch abdecken. An einen warmen, vor Zug geschützten Ort stellen und den Vorteig etwa 20 Minuten gehen lassen, bis die Oberfläche Risse zeigt.

3 Tomaten abtropfen lassen. 75 ml Öl auffangen, mit dem Olivenöl und dem Ei verrühren. Mit dem Salz und dem Zucker unter den Vorteig mischen. Alles gut miteinander verkneten, bis der Teig glatt und glänzend ist. Zu einer Kugel formen, in eine Schüssel legen, mit einem Tuch abdecken und etwa 40 Minuten gehen lassen, bis der Teig das Doppelte an Volumen erreicht hat.

4 Die Tomaten sehr klein würfeln. Die Zwiebeln schälen und fein hacken, in 1 EL Olivenöl glasig schwitzen, abkühlen lassen. Tomaten, Zwiebeln und Thymian unter den Teig kneten, diesen zugedeckt noch einmal 30 Minuten gehen lassen.

5 Aus dem Teig 2 Laibe von etwa 750 g formen, diese auf ein mit Mehl bestaubtes Blech legen und zugedeckt nochmals etwa 40 Minuten gehen lassen. Die Tomatenbrote mit etwas Wasser bestreichen, mit Pfeffer und Salz bestreuen. Die Brote bei 200 °C im vorgeheizten Ofen 35–40 Minuten backen. Nach 20–25 Minuten mit Backpapier abdecken, damit das Brot nicht zu dunkel wird. Die fertigen Brote auf einem Kuchengitter auskühlen lassen.

Zwiebelbrot

1 Die Hefe im warmen Wasser mit dem Zucker auflösen. Das Salz mit dem Mehl und der Buttermilch
mischen. Das Hefewasser dazugießen. Alle Zutaten
10 Minuten kneten und in einer abgedeckten Schüssel
1 Stunde gehen lassen.

2 Den gegangenen Teig noch einmal kräftig durchkneten und ein weiteres Mal in einer abgedeckten
Schüssel 1 Stunde gehen lassen.

3 Ein Backblech mit Backpapier auslegen. Den Teig
noch einmal kneten, mit den Röstzwiebeln
mischen und zu einem ovalen, flachen Brot formen.
Den Teig auf dem Backblech abgedeckt noch einmal
1 Stunde gehen lassen.

4 Den Backofen auf 250 °C vorheizen. Das Brot mit
warmem Wasser bestreichen und im Ofen (Mitte,
Umluft 230 °C) 5 Minuten backen. Die Temperatur auf
200 °C (Umluft 180 °C) reduzieren und das Brot in
25–30 Minuten fertig backen.

Zubereitungszeit: 20 Min.

Ruhezeit: 3 Std., Backzeit: 35 Min.

schnell, preiswert

Zutaten für 1 Brot
42 g frische Hefe (1 Würfel)
200 ml warmes Wasser
1 TL Zucker
1 EL Salz
500 g Mehl
1/8 l lauwarme Buttermilch
50 g Röstzwiebeln (Fertigprodukt)

Außerdem:

Backpapier für das Blech

Variante

Das Brot wird gehaltvoller, wenn
Sie 100 g Zwiebeln schälen, fein
würfeln und in 40 g Schweineschmalz goldbraun braten. Die
abgekühlten Zwiebeln mit dem
Fett unter den gegangenen Teig
kneten. In diesem Fall brauchen
Sie etwas weniger Flüssigkeit.

Gemüse-Panettone

1 Die Hefe zerbröckeln und mit dem Zucker und 3 EL lauwarmem Wasser anrühren. Zugedeckt etwa 15 Minuten an einem warmen Platz gehen lassen.

2 Den Safran in der Milch auflösen, die Butter darin zerlassen und mit dem Salz, dem Ei, dem Mehl, den Mandeln und dem Hefeansatz vermengen. Einen geschmeidigen Teig daraus kneten. Den Hefeteig zugedeckt 40 Minuten gehen lassen.

3 Das Gemüse putzen, waschen, 3 Minuten blanchieren, abtropfen und etwas abkühlen lassen, klein schneiden und unter den Teig kneten.

4 Die Form mit Butter ausstreichen, den Teig hineinlegen, kreuzweise einschneiden und nochmals 30 Minuten gehen lassen.

5 Den Backofen auf 220 °C vorheizen. Den Panettone im vorgeheizten Backofen bei 220 °C auf der unteren Schiene 45 Minuten backen. Nach 5 Minuten die Temperatur auf 180 °C zurückschalten.

6 Den Panettone aus der Form stürzen, auf einem Kuchengitter abkühlen lassen und möglichst frisch, mit Butter bestrichen, verzehren.

Zubereitungszeit: 40 Min., Ruhezeit: 1 Std. 30 Min., Backzeit: 45 Min.
Variante der italienischen Spezialität

Zutaten für 1 Panettone
21 g frische Hefe (1/2 Würfel)
1 TL Zucker
1 Msp. Safran
1/8 l warme Milch
1 EL Butter
1 TL Salz
1 Ei
400 g Weizenmehl
50 g geschälte, gemahlene Mandeln
je 100 g Möhren und Brokkoli
1/2 rote Paprikaschote

Außerdem:

1 Panettone-Form

Butter für die Form

Info

Traditionell wird der Panettone aus Mailand mit kandierten Früchten und Sultaninen gebacken. In Italien verzehrt man ihn nicht nur an Ostern und an Weihnachten, sondern auch zwischendurch zu einem Glas Spumante oder Moscato.

Zubereitungszeit: 25 Min.

Ruhezeit: 10 Std. + 2 Std. 30 Min.

Backzeit: 20 Min.

Spezialität aus Südtirol

Zutaten für 2 Fladen

Für den Teig:

500 g Weizenmehl Type 550

21 g frische Hefe (1/2 Würfel)

350 ml Wasser

1 TL Salz

Außerdem:

1 Eigelb

gestoßene Anissamen

Fett und Mehl für das Blech

Zubereitungszeit: 25 Min.

Ruhezeit: 3 Std., Backzeit: 15–20 Min.

Spezialität aus Südtirol

Zutaten für 4 Fladen

Für den Teig:

500 g Roggenmehl Type 1150

250 g Sauerteig

1 1/2 TL Salz

etwa 350 ml lauwarmes Wasser

1/2 TL gestoßene Koriandersamen

1/2 TL gestoßene Fenchelsamen

1/2 TL gestoßene Kümmelsamen

Außerdem:

Fett und Mehl für das Blech

Anisfladen

1 Das Mehl in eine Schüssel sieben, in die Mitte eine Mulde drücken. Die Hefe in 250 ml lauwarmem Wasser auflösen, in die Mulde gießen und mit etwas Mehl vom Rand zu einem dickflüssigen Brei verrühren. Mit Mehl bestauben, zudecken und über Nacht an einem nicht zu warmen Ort gehen lassen.

2 Am nächsten Tag Salz und weitere 100 ml lauwarmes Wasser mit dem Ansatz zu einem glatten Teig verkneten. Mit Mehl bestauben und nochmals zugedeckt 2 Stunden gehen lassen.

3 Den Teig kurz durchkneten und halbieren. Daraus 2 Kugeln formen und auf einer bemehlten Arbeitsfläche zu Fladen von etwa 30 cm Durchmesser ausrollen. Erneut 20–30 Minuten gehen lassen.

4 Die Fladen mit Eigelb bestreichen und mit Anis bestreuen. Auf ein gefettetes, leicht bemehltes Backblech legen und bei 200 °C im vorgeheizten Ofen etwa 20 Minuten backen.

Vintschger

1 Das Mehl in eine Schüssel sieben und in die Mitte eine Mulde drücken. Den Sauerteig einrühren, salzen und nach und nach das Wasser und die Gewürze unterarbeiten; es soll ein mittelfester Teig entstehen. Mit Mehl bestauben und zugedeckt an einem warmen, zugfreien Ort etwa 2 Stunden gehen lassen.

2 Den Teig kurz durchkneten und auf einer bemehlten Arbeitsfläche zu 4 Kugeln formen. Diese zu Fladen von je 18–20 cm Durchmesser ausrollen, mit Mehl bestauben und erneut 1 Stunde gehen lassen. Ein Backblech fetten und leicht mit Mehl bestauben. Die Fladen darauf setzen und bei 200 °C im vorgeheizten Ofen 15–20 Minuten backen.

Piadina

1 Das Mehl in eine Schüssel sieben und in die Mitte eine Mulde drücken. Die Hefe hineinbröckeln und mit der Milch auflösen, dabei etwas Mehl vom Rand mit untermischen. Den Ansatz mit Mehl bestauben. Die Schüssel mit einem sauberen Tuch abdecken und an einen warmen, zugfreien Ort stellen. Den Teig etwa 15 Minuten gehen lassen, bis die Oberfläche Risse zeigt.

2 Das Schweineschmalz, das Ei, Salz und Zucker zum Vorteig geben und alle Zutaten zunächst mit einem Holzlöffel verrühren, dann mit den Händen zu einem glatten Teig verkneten. Den Teig zu einer Kugel formen, in die Schüssel legen und zugedeckt nochmals etwa 30 Minuten gehen lassen.

3 Den Teig erneut durchkneten und zu einer Rolle von 6 cm Stärke formen. Diese in 5 Stücke von jeweils 160 g teilen. Die Teigstücke auf einer leicht bemehlten Arbeitsfläche zu Fladen von 25 cm Durchmesser ausrollen.

4 Eine Tonplatte – oder eine schwere, gusseiserne, unbeschichtete Pfanne – ohne Fett erhitzen. (Die speziellen Tonplatten, auf denen Piadina traditionell gebacken wird, kann man sowohl auf Gasherden als auch auf Elektroplatten verwenden. Sie dürften hierzulande allerdings schwer zu bekommen sein.)

5 Den 1. Fladen vorsichtig auf die heiße Tonplatte (oder in die Pfanne) legen. Dabei darauf achten, dass keine Luftblasen entstehen. Mit einer Gabel mehrmals dicht nebeneinander einstechen, damit Luft entweichen kann. Die Fladen unter mehrmaligem Wenden in 8–10 Minuten backen, bis sie schön gebräunt sind. Die fertig gebackenen, heißen Fladen auskühlen lassen und nach Belieben belegen oder füllen.

Zubereitungszeit: 35 Min.
Ruhezeit: 45 Min., Backzeit: 50 Min.
Spezialität aus der Emilia Romagna

Zutaten für 5 Fladen

1500 g Weizenmehl Type 405
25 g frische Hefe
230 ml lauwarme Milch
50 g weiches Schweineschmalz
1 Ei
1/2 TL Salz
1 Prise Zucker

Außerdem:
1 Tonplatte für Piadina oder
1 gusseiserne Pfanne

Info

„Piadina romagnola" oder kurz „Piada" gilt als die Leibspeise der Bewohner der Adriaküste zwischen Ravenna und Cattolica – dort fehlt das dünne Fladenbrot bei keinem Essen. Man isst es entweder einfach so, frisch von der Tonplatte, oder es wird gefüllt. Dazu halbiert man die Fladen, belegt sie nach Wunsch und klappt die zweite Fladenhälfte darüber. Gängige Füllungen bestehen aus Schinken, Salami, Tomaten und Mozzarella, blanchiertem Spinat, Käse, Rucola oder Sardellen.

47

Zubereitungszeit: 25 Min.

Ruhezeit: 45 Minuten

Backzeit pro Blech: 10–15 Min.

Spezialität aus Griechenland

Zutaten für 16 Fladen
1,2 kg Weizenmehl Type 405
14 g Trockenhefe
3 TL Zucker
3 TL Salz
3 EL Olivenöl
550 ml lauwarmes Wasser

Tipp

Zum Pita-Brot schmeckt die typische griechische Joghurt-sauce, Tsatsiki, besonders gut: Eine Salatgurke (200 g) schälen, längs halbieren und die Samen entfernen. Die Gurke grob raspeln, salzen, 10 Minuten stehen lassen und das Wasser gut ausdrücken. Dann 250 g Joghurt in einer Schüssel glatt rühren. 3 Knoblauchzehen schälen und durch eine Presse dazudrücken. Die Gurke, 3 EL Öl, Salz und frisch gemahlenen Pfeffer einrühren. Mit 1 EL gehacktem Dill und 1/2 EL gehackter Pfefferminze bestreuen.

Pita-Fladenbrot

1 Das Mehl sieben. Mit Hefe, Zucker, Salz, Öl und Wasser zu einem glatten Teig verkneten. Zugedeckt etwa 45 Minuten gehen lassen, bis sich das Volumen auf das Doppelte erhöht hat. Erneut durchkneten und den Teig in 16 Portionen von je etwa 130 g teilen.

2 Die 16 Teigstücke zu Fladen formen. Dazu jedes Teigstück auf der bemehlten Arbeitsfläche zu einer Kugel rollen. Jede Kugel mit der Handfläche – diese bei Bedarf bemehlen – ein wenig flach drücken. Jedes Teigstück zu einem kreisrunden Fladen von 15 cm Durchmesser ausrollen.

3 Den Ofen auf 220 °C vorheizen, das Backblech dabei im Ofen lassen. Fladen auf das heiße Backblech legen und nacheinander 10–15 Minuten backen.

Zubereitungszeit: 20 Min.

exotisch

Spezialität aus Indien

Zutaten für 6 Stück

100 g Weizenmehl Type 550

50 g frisch geraspelte Kokosnuss

1/2 TL Salz

1 TL Zucker

Cayennepfeffer

Außerdem:

100 g Pflanzenfett zum Ausbacken

Tipps

Für die Kokosfladen empfiehlt es sich, eine ganze Nuss zu kaufen und das Fruchtfleisch selbst zu raspeln. Beim Kauf darauf achten, dass das Schwappen der Flüssigkeit im Innern gut zu hören ist; dann ist die Nuss noch frisch.

Die Kokosfladen schmecken heiß am besten. Man brät sie in Fett aus, wobei sie sich etwas aufblähen und schön knusprig werden.

Kokosfladen

1 Das Mehl in eine Schüssel sieben, die Kokosraspel darunter mischen. Mit Salz, Zucker und Cayennepfeffer würzen und alles gut vermengen. 4 EL Wasser nach und nach einarbeiten, bis ein geschmeidiger Teig entstanden ist.

2 Den Teig in 6 Stücke teilen. Jedes Teigstück zu einer Kugel formen und auf einer leicht bemehlten Arbeitsfläche zu etwa 8 cm großen Fladen ausrollen.

3 Das Fett in einer hohen Pfanne erhitzen und die Fladen darin portionsweise braten, bis sie auf beiden Seiten hellbraun sind. Sofort servieren.

Parathas und gewürzte Kartoffeln

1 Zunächst die Kartoffeln waschen und ungeschält in einem Topf mit Wasser bedecken. Kurkumapulver und Salz einstreuen und alles 5 Minuten kochen.

2 Inzwischen die Chilischote waschen, halbieren, Stielansatz, Samen und Scheidewände entfernen und das Fruchtfleisch fein hacken. Das Wasser der Kartoffeln abgießen. Diese etwas auskühlen lassen, schälen und in etwa 1 cm große Stücke schneiden.

3 Das Öl im Wok oder einer Pfanne bei mittlerer Temperatur erhitzen. Chilistücke und Koriander unter Rühren kurz darin anbraten. Die Kartoffelstücke zufügen und bei niedriger Temperatur unter mehrmaligem Wenden 20–25 Minuten braten. 5 Minuten vor Ende der Garzeit das Garam Masala unterrühren. Zum Schluss das Mangopulver darüber streuen und einmal umrühren.

4 Für die Parathas alle Zutaten in einer Schüssel zu einem glatten Teig verarbeiten und auf einer leicht bemehlten Arbeitsfläche etwa 5 Minuten kräftig durchkneten. Den Teig in 6 Stücke teilen, zu Kugeln formen und zu Fladen von 18 cm Durchmesser ausrollen.

5 Etwas Ghee oder Öl in einer Pfanne erhitzen und die Teigfladen darin einzeln backen. Jeden Fladen zunächst von einer Seite backen, dann die ungebackene Oberfläche mit Ghee oder Öl einpinseln, den Fladen umdrehen und von der anderen Seite braten. Alle Fladen noch heiß mit den Kartoffeln servieren.

Zubereitungszeit: 1 Std.

Hauptgericht

Spezialität aus Indien

Zutaten für 6 Fladen

Für die gewürzten Kartoffeln:

600 g fest kochende Kartoffeln

1/2 TL gemahlene Kurkuma

1/4 TL Salz

1 rote Chilischote

4 EL Pflanzenöl

1/2 TL gemahlener Koriander

1/2 TL Garam Masala

1/4 TL Amchur powder (Mangopulver)

Für den Teig:

125 g Chapati Ata oder Weizenvollkornmehl

75 ml lauwarmes Wasser

2 TL Pflanzenöl

2 kleine Stängel Minze, frisch gehackt

1/2 TL grob gemahlener Pfeffer

1/4 TL Salz

Außerdem:

Ghee oder Öl zum Ausbacken

Info

„Chapati Ata" ist eine spezielle Mischung aus feinem Weizenmehl und -schrot, die man mit etwas Glück in Asienläden findet. Zum Ausbacken der Brote wird meist Ghee verwendet, die typisch indische geklärte Butter.

Zubereitungszeit: 20 Min.

Ruhezeit: 1 Std.

Spezialität aus Indien

Zutaten für 12 Stück

125 g Chapati Ata

Salz nach Belieben

1 TL Ghee oder Pflanzenöl

Außerdem:

Pflanzenöl zum Ausbacken der Pooris

Info

Indische Fladenbrote kommen ohne Triebmittel wie Hefe oder Backpulver aus. Deswegen werden die meist hauchdünnen Fladen aber auch schnell hart und spröde, wenn sie lange stehen. Um das zu vermeiden, bereiten indische Hausfrauen den Teig erst im letzten Moment vor dem Essen zu, bedecken bereits gebackene Brote mit einem Tuch und stellen sie warm, bis der letzte Fladen fertig ist.

Indisches Pfannenbrot: Phulkas und Pooris

1 Das Mehl auf eine Arbeitsfläche häufen und in die Mitte eine Mulde drücken. 8 EL lauwarmes Wasser hineingießen und nach Belieben salzen. Alles zu einem glatten Teig verrühren. Ghee oder Öl unterarbeiten und den Teig 8–10 Minuten kneten, damit er elastischer wird. Den Teig zu einer Kugel formen, in Folie wickeln und etwa 1 Stunde bei Zimmertemperatur ruhen lassen.

2 Den Teig in 12 Stücke von je 16 g teilen. Jedes Teigstück auf einer leicht bemehlten Arbeitsfläche flach drücken und zu einem dünnen Fladen von 15 cm Durchmesser ausrollen.

3a Für Phulkas eine Pfanne ohne Fettzugabe stark erhitzen und die Fladen darin nacheinander zubereiten. Dafür den Teig auf einer Seite backen, bis sich die ersten braunen Flecken zeigen, dann wenden und auf der anderen Seite ebenfalls bräunen. Sollten sich die Fladen wölben, die Ränder mit einem Löffel herunterdrücken. Die Phulkas aus der Pfanne nehmen und beidseitig über offener Flamme (mit einem Butangasbrenner zum Karamellisieren) rösten. Dabei gehen die Fladen auf, und die Blasen werden noch stärker gebräunt. Achten Sie beim Rösten darauf, dass keine brennbaren Gegenstände in unmittelbarer Nähe sind.

3b Um Pooris herzustellen, die 12 Fladen ohne Backen sofort frittieren. Dazu das Öl in einer Pfanne oder Fritteuse auf 180 °C erhitzen. Die Fladen nacheinander einlegen und auf beiden Seiten kross ausbacken, wobei sie sich aufblähen.

Brötchen und Frühstücksgebäck

Kleinigkeiten für den Brotkorb

Ein Brotkorb mit frischen Semmeln, Schrippen oder Rundstücken gehört für viele einfach zu einem guten Frühstück. Wer sich und seiner Familie etwas Besonderes gönnen möchte, füllt ihn regelmäßig mit selbst Gebackenem. In diesem Kapitel finden Sie klassische Brötchen mit Körnern, Kräutern oder Gewürzen, aber auch Internationales wie Croissants, Brioches und Milchbrötchen. Oder wie wäre es einmal mit feinen Macadamia Rolls aus Australien? Die Brötchen und Fladen schmecken natürlich nicht nur zum Frühstück, sondern auch zum Abendessen oder als Snack zwischendurch. Zu den beliebten „Amerikanern" in diesem Kapitel, Hamburger und Bagels, schlagen wir einen köstlichen Belag vor – damit haben Sie eine kleine Mahlzeit, von der garantiert auch Ihre Kinder begeistert sind!

Zubereitungszeit: 20 Min.

Ruhezeit: 1 Std., Backzeit: 40–45 Min.

Klassiker

Zutaten für 14 Stück
1/8 l Milch
reichlich 1/8 l Wasser
35 g frische Hefe
500 g Weizenmehl Type 550
1 TL Salz
1 Ei

Außerdem:

1 hohe Tarteform von 26 cm Ø

50 g Butter

1 Eigelb

ungemahlene Mohnsamen zum Bestreuen

Mohnsemmeln

1 Die Milch und das Wasser in einem Topf ganz leicht erwärmen und die Hefe darin auflösen. Das Mehl in eine Schüssel sieben und mit dem Salz vermischen. Die Hefelösung und das Ei nach und nach unter das Mehl rühren, bis ein geschmeidiger Teig entstanden ist. Den Teig zur Kugel formen und in die Schüssel legen. Diese mit einem Tuch abdecken und den Teig an einem warmen Ort etwa 30 Minuten gehen lassen.

2 Den Teig durchkneten und in 14 Stücke zu je 60 g teilen. Die Teigstücke zu Kugeln rollen. Die Butter in einer kleinen Stielkasserolle zerlassen. Jede einzelne Kugel mit den Händen fassen und in die Butter eintauchen; durch dieses Einfetten lassen sich die Semmeln später gut voneinander lösen. Mit etwas Abstand zueinander in die gebutterte Form setzen und weitere 30 Minuten gehen lassen.

3 Die gegangenen Teigkugeln mit Eigelb bestreichen und mit den Mohnsamen bestreuen. Bei 200 °C im vorgeheizten Ofen 40–45 Minuten backen.

Tipp

Mohnsamen sind zur Verfeinerung von Gebäck beliebt, doch während der Mohn für Füllungen meist gemahlen wird, greift man zum Bestreuen von Semmeln generell zu den ungemahlenen Samen. Wer etwas Besonderes auf den Tisch bringen will, der kann aus dem Teig auch kleine Mohnzöpfe formen.

Kernige Brötchen

1 Die drei Mehlsorten in einer Schüssel mit den Samen und Kernen vermischen. Die Hefe in dem Wasser auflösen und mit dem Salz und dem Öl in die Schüssel gießen. Alles zunächst mit einem Löffel verrühren und dann mit den Händen oder in der Küchenmaschine zu einem glatten Teig verkneten. Der Teig darf noch feucht sein, denn Vollkornmehl nimmt beim Gehen noch viel Wasser auf. Die Schüssel mit einem sauberen Tuch abdecken und den Teig bei Zimmertemperatur etwa 90 Minuten gehen lassen, bis sich sein Volumen verdoppelt hat.

2 Den Teig in 18 Stücke von je 75 g teilen und zu Kugeln formen. Mit genügend Abstand zueinander auf ein gefettetes Backblech setzen, etwas flachdrücken und in der Mitte mit einem scharfen Messer einschneiden. Die Brötchen mit etwas Wasser bepinseln und mit beliebigen Samen und Kernen bestreuen. Die Brötchen mit einem Tuch abdecken und an einem warmen, zugfreien Ort 30–40 Minuten gehen lassen, bis sich ihr Volumen deutlich vergrößert hat. Bei 200 °C im vorgeheizten Ofen etwa 20 Minuten backen.

Zubereitungszeit: 20 Min.

Ruhezeit: 2 Std., Backzeit: 20 Min.

Klassiker

Zutaten für 18 Stück

300 g Weizenvollkornmehl

150 g Hafermehl

200 g Weizenmehl Type 405

20 g Mohnsamen

30 g Leinsamen

30 g Sesamsamen

30 g Kürbiskerne

30 g Sonnenblumenkerne

35 g frische Hefe

550 ml lauwarmes Wasser

3 TL Meersalz

1 EL Olivenöl

Außerdem:

Butter für das Blech

Samen und Kerne nach Belieben zum Bestreuen

Variante

Um ein Kastenbrot zu backen, den Teig zu einer 30 cm langen Rolle formen und in eine gefettete Kastenform legen. Oben mehrmals quer einschneiden, mit Wasser bestreichen, mit Samen und Kernen bestreuen. Den Teig mit einem Tuch abgedeckt an einem warmen Ort etwa 45 Minuten gehen lassen. In der Form bei 200 °C im vorgeheizten Ofen 45–50 Minuten backen.

Sesamringe

1 Das Mehl in eine Schüssel sieben und in die Mitte eine Mulde drücken. Die Hefe hineinbröckeln. Etwa 100 ml Wasser zugießen und die Hefe darin unter Rühren auflösen, dabei etwas Mehl vom Rand mit untermischen. Den Ansatz mit Mehl bestauben. Die Schüssel mit einem sauberen Tuch abdecken und den Teig an einem warmen, zugfreien Ort etwa 15 Minuten gehen lassen, bis die Oberfläche Risse zeigt.

2 Das Salz, den Kreuzkümmel, den Koriander, die Butter und das restliche Wasser zum Vorteig geben und alle Zutaten erst mit einem Holzlöffel verrühren; dann mit den Händen den Teig so lange kneten, bis er glatt und geschmeidig ist. Zu einer Kugel formen und zugedeckt etwa 45 Minuten gehen lassen, bis er das Doppelte seines Volumens erreicht hat.

3 Den Teig durchkneten und in 16 Stücke von jeweils etwa 50 g teilen. Die Stücke zunächst zu Kugeln formen und dann zu Strängen von etwa 30 cm Länge rollen, die an den Enden spitz zulaufen. Die Enden umeinander schlingen und fest gegeneinander drücken.

4 Ein Backblech mit wenig Öl einfetten und die Teigringe mit etwas Abstand zueinander darauf legen. Noch einmal mit dem Tuch abdecken und 15 Minuten gehen lassen.

5 Die Ringe mit der Eigelb-Wasser-Mischung bestreichen und dicht mit geschältem Sesam bestreuen. Bei 200 °C im vorgeheizten Ofen etwa 15 Minuten backen.

Zubereitungszeit: 20 Min., Ruhezeit: 1 Std. 15 Min., Backzeit: 15 Min. Spezialität aus dem Mittelmeerraum

Zutaten für 16 Stück

500 g Weizenmehl Type 405

25 g frische Hefe

1/4 l lauwarmes Wasser

1 TL Salz

1/2 TL gemahlener Kreuzkümmel

1/2 TL gemahlener Koriander

100 g zerlassene Butter

Außerdem:

Öl für das Blech

1 Ei, mit 1 EL Wasser verquirlt

4 EL geschälte Sesamsamen zum Bestreuen

Info

Sesamringe werden überall entlang der östlichen Mittelmeerküste gegessen – von Griechenland über Israel bis Nordafrika. Sesam gibt es in zwei Sorten: Der schwarze Sesam hat einen erdigen Geschmack und wird viel in Asien verwendet. Brauner Sesam besitzt das typische, nussige Aroma. Beide Arten sind in geschälter Form hell, fast weiß.

Zubereitungszeit: 20 Min.

Ruhezeit: 8 Std., Backzeit: 25 Min.

kernig-würzig

Zutaten für 15 Stück
500 g Roggenmehl Type 997
50 g Sauerteig
etwa 1/2 l lauwarmes Wasser
10 g frische Hefe
1 gehäufter EL Salz
2 EL gehackte gemischte Kräuter

Außerdem:

Mehl für das Backblech und zum
Bestauben der Brötchen

Sesam-, Mohnsamen und grobes Salz
zum Bestreuen

Roggenbrötchen mit Kräutern

1 Die Hälfte des Mehls in eine Schüssel füllen. Den Sauerteig mit dem Wasser mischen, die Hefe zerbröckeln und einrühren. Alles unter das Mehl mischen. Den Teig zugedeckt an einem warmen Ort über Nacht stehen lassen.

2 Das Salz, die Kräuter und das restliche Mehl unter den Teig kneten, diesen gut durchschlagen. Den Teig zu Kugeln von je 50 g formen und auf ein bemehltes Backblech setzen. Die Brötchen mit Wasser bepinseln, mit Mehl bestauben, einmal einschneiden und beliebig bestreuen.

3 Die Brötchen bei 225 °C im vorgeheizten Ofen etwa 25 Minuten backen. Herausnehmen und auf einem Kuchengitter abkühlen lassen.

Tipp

Die Roggenbrötchen kann man mit Kräutern ganz nach Wahl würzen, etwa mit einer Mischung aus Petersilie, Thymian und Schnittlauchröllchen.

Kräuterbrötchen

1 Das Mehl in eine Schüssel sieben, mit dem Weizenschrot mischen und in die Mitte eine Mulde drücken. Die Hefe in der Milch auflösen, in die Mulde geben und unter Rühren etwas Mehl vom Rand mit untermischen. Den Ansatz mit Mehl bestauben. Den Teig zugedeckt an einem warmen Ort etwa 15 Minuten gehen lassen, bis die Oberfläche Risse zeigt.

2 Von der Chilischote Samen und Scheidewände entfernen und das Fruchtfleisch fein hacken. Zusammen mit den restlichen Zutaten zum Vorteig geben und alles mit dem Knethaken einer Küchenmaschine 10 Minuten kneten. Den Teig zu einer Kugel formen und erneut etwa 45 Minuten gehen lassen, bis er das Doppelte seines Volumens erreicht hat.

3 Den Teig kurz durchkneten, auf einer bemehlten Arbeitsfläche in 8 Stücke von je 80 g teilen und zu Kugeln formen. Auf ein bemehltes Blech setzen und flach drücken, damit sich schöne Halbkugel-Brötchen ergeben. Diese mit Mehl bestauben, zugedeckt nochmals gehen lassen und bei 210 °C im vorgeheizten Ofen 30 Minuten backen.

Zubereitungszeit: 20 Min.

Ruhezeit: 1 Std., Backzeit: 30 Min.

raffiniert, macht was her

Zutaten für 15 Stück
350 g Weizenmehl Type 405
50 g Weizenschrot
42 g frische Hefe (1 Würfel)
50 ml lauwarme Milch
1/2 rote Chilischote
40 ml Öl
etwa 1/8 l Gemüsefond
2 EL gehackte Petersilie
1 EL Schnittlauchröllchen
1 TL gehacktes Koriandergrün
1 TL gehackte Pfefferminze
3 TL Salz
40 g Zucker

Außerdem:

Mehl für das Blech

Tipp

Frisch aus dem Ofen sind die Kräuterbrötchen ein wahrer Genuss, duften sie doch nach Korianderkraut und Minze. Am besten schmecken sie, einfach nur mit Butter oder Schmalz bestrichen, zum Wein oder Bier.

Zubereitungszeit: 25 Min., Ruhezeit:
1 Std. 10 Min., Backzeit: 20 Min.
Spezialität aus Australien, etwas teurer

Zutaten für 15 Brötchen
500 g Weizenmehl Type 550
1 1/2 TL Salz
1/8 l lauwarme Milch
1/8 l lauwarmes Wasser
35 g frische Hefe
100 g weiche Butter
200 g gesalzene Macadamianüsse

Außerdem:

1 Eigelb, mit 1 EL Milch verquirlt

grobes Salz

Info

Die Macadamianuss, auch Queensland- oder Australische Haselnuss genannt, gehört zu den geschmacklich besten Nüssen der Welt – aber auch zu den fettreichsten. In Plantagen werden Macadamianüsse seit etwa 25 Jahren kommerziell angebaut, vielfach mit großem Erfolg. Ein ausgewachsener Baum liefert im Jahr etwa 50 kg Nüsse – ungeschält gewogen.

Macadamia Rolls

1 Das Mehl in eine Schüssel sieben und mit dem Salz vermischen. Die Milch mit dem Wasser mischen und die Hefe darin auflösen. Die Hefelösung und die Butter zum Mehl geben und alles zu einem geschmeidigen Teig verarbeiten. Die Schüssel mit einem sauberen Tuch abdecken, an einen warmen, zugfreien Ort stellen und den Teig etwa 30 Minuten gehen lassen.

2 Die Macadamianüsse grob hacken. Mithilfe eines groben Durchschlags die großen Nussstücke von den kleinen Bröseln trennen. Die Brösel und so viel von den gehackten Nüssen zum Bestreuen der Brötchen beiseite stellen, dass 2/3 der Nussstücke für den Teig übrig bleiben.

3 Den Teig erneut durchkneten und dabei die größeren Nussstücke mit einarbeiten. Den Teig erneut 10 Minuten gehen lassen, damit er sich später besser formen lässt.

4 Aus dem Teig 15 runde Brötchen formen, diese nochmals 30 Minuten gehen lassen, bis sich ihr Volumen deutlich vergrößert hat.

5 Die Oberfläche jedes Brötchens mit verquirltem Eigelb bestreichen. Die restlichen Nüsse mit dem Salz vermischen und über die Brötchen streuen. Bei 200 °C im vorgeheizten Ofen etwa 20 Minuten backen.

Zubereitungszeit: 15 Min.

Ruhezeit: 1 Std., Backzeit: 25–30 Min.

schnell

Zutaten für 15 Stück
500 g Weizenmehl Type 1050
200 g ungesüßtes Müsli
5 EL kernige Haferflocken
2 Päckchen Trockenhefe
1 TL Zucker
1 TL Salz
1 EL Sonnenblumenöl
3/8 l lauwarmes Wasser

Außerdem:

Backpapier für das Blech

Müslibrötchen

1 Alle Zutaten, bis auf 2 EL Haferflocken, gut vermischen und 10 Minuten kneten. Bei Bedarf noch etwas Wasser hinzufügen. Den Teig in einer abgedeckten Schüssel 45 Minuten gehen lassen.

2 Den Backofen auf 200 °C vorheizen. Ein Backblech mit Backpapier auslegen. Teig nochmals kneten und 15 gleich große Brötchen formen. Die Brötchen auf dem Backblech abgedeckt 15 Minuten gehen lassen.

3 Die Oberfläche der Brötchen kreuzweise einschneiden, mit lauwarmem Wasser bestreichen und mit den restlichen Haferflocken bestreuen. Die Brötchen im Ofen (Mitte, Umluft 180 °C) 25–30 Minuten backen.

Info

Kaltgepresste Speiseöle – wie Leinöl, Kürbiskernöl und Sonnenblumenöl (in der Abbildung von links nach rechts) – sind das bevorzugte Fett in der Vollwertküche. Sie sind reich an Vitaminen, besonders Vitamin E, und an ungesättigten Fettsäuren.

BRÖTCHEN UND FRÜHSTÜCKSGEBÄCK

Quarkbrötchen

1 Den Backofen auf 200 °C vorheizen. Das Backblech mit Backpapier belegen.

2 Quark mit 7 EL Milch, Öl und Salz cremig schlagen. Sesamsamen, Leinsamen und Sonnenblumenkerne unterrühren. Mehl mit Backpulver mischen und unter den Quark kneten.

3 Den Teig zur Rolle formen und in 12 Stücke teilen. Die Stücke zu Kugeln rollen und auf das Blech legen. Die Brötchen mit einem Messer kreuzweise einritzen. Mit Milch bestreichen. Sesam- und Leinsamen darüber streuen. Brötchen im Ofen (Mitte, Umluft 180 °C) 15–20 Minuten backen.

Zubereitungszeit: 15 Min.

Backzeit: 15–20 Min.

schnell, locker-leicht

Zutaten für 12 Stück
150 g Magerquark
8 EL Milch
6 EL Öl
1/2 TL Salz
1 EL geschälte Sesamsamen
1 EL Leinsamen
1 EL Sonnenblumenkerne
300 g Mehl
1 Päckchen Backpulver

Außerdem:

Sesam und Leinsamen zum Bestreuen

Backpapier für das Blech

Info

Die Körner und Samen dieser Brötchen haben's in sich: Leinsamen, Sesam und Sonnenblumenkerne enthalten wertvolle ungesättigte Fettsäuren, Vitamine, Mineralien und Ballaststoffe!

Zubereitungszeit: 1 Std.

Ruhezeit: 1 Std., Backzeit: 15–20 Min.

Vollwertrezept

Zutaten für 12 Stück

400 g Dinkelkörner

100 g Weizenkörner

42 g frische Hefe (1 Würfel)

2 TL flüssiger Honig

300 ml lauwarmes Wasser

1 TL Meersalz

1 Ei

50 g geröstete, gesalzene
Pistazienkerne

Außerdem:

Butter für das Backblech

Info

Dinkel ist eine besonders hochwertige Getreideart, die mit dem Weizen verwandt ist und auch ebenso verwendet wird.

Dinkelschnecken

1 Die Dinkel- und die Weizenkörner fein mahlen. Beide Mehlsorten in einer Schüssel mischen und eine Mulde hineindrücken. Die Hefe hineinbröckeln, mit dem Honig beträufeln und 2 Minuten warten, bis sich die Hefe aufgelöst hat.

2 Das Wasser dazugießen, die Hefe mit etwas Mehl zu einem dünnen Vorteig verrühren und zugedeckt 15 Minuten gehen lassen.

3 Das Salz über das Mehl streuen und dieses mit dem Vorteig verkneten, bis das Wasser ganz aufgesogen ist. Den Teig zugedeckt 30 Minuten gehen lassen.

4 Den Teig nochmals kräftig durchkneten. Sollte er zu fest sein, fügt man noch etwas Wasser hinzu, ist er zu weich, muss man noch etwas Weizen-Vollkornmehl unterkneten.

5 Teig zu einem Rechteck von 30 x 40 cm ausrollen. Das Ei verquirlen und die Teigplatte damit bestreichen. Die Pistazien grob mahlen und darüber streuen.

6 Den Teig fest zusammenrollen und 12 gleich dicke Scheiben davon abschneiden. Die Scheiben mit genügend Abstand zueinander auf das gefettete Backblech legen und zugedeckt 15 Minuten gehen lassen, bis sie sich um etwa ein Drittel vergrößert haben.

7 Den Backofen auf 180 °C vorheizen. Die Schnecken auf der mittleren Schiene in 15–20 Minuten goldbraun backen und danach mit etwas kaltem Wasser besprühen oder bepinseln.

Zubereitungszeit: 30 Min., Ruhezeit:
1 Std. 15 Min., Backzeit: 25 Min.
Spezialität aus Bayern

Zutaten für 12 Stück
500 g Weizenmehl Type 550
1 EL Salz
42 g frische Hefe (1 Würfel)
1 TL Zucker
300 ml lauwarmes Wasser
100 g Natron oder 100 ml Brezenlauge
2–3 EL grobes Salz

Außerdem:

Mehl zum Formen

Backpapier für das Blech

Tipps

Wer beim Bäcker Brezenlauge
bekommen kann, sollte diese
kaufen und 1:10 verdünnen,
also 100 ml Lauge auf 1 l Wasser
nehmen. Ansonsten rechnet
man 100 g Natron auf 1 l Wasser.

Laugenbrezen

1 Das Mehl sieben und das Salz darüber streuen.
Die Hefe mit dem Zucker in 100 ml Wasser auflösen und zum Mehl geben. Nach und nach das
restliche Wasser nach Bedarf zugießen und alles zu
einem festen, elastischen Teig verkneten. Mit Mehl
bestauben und 1 Stunde gehen lassen.

2 Den Teig gut durchkneten, auf einer bemehlten
Arbeitsfläche zu einer 30 cm langen Rolle formen.
In 12 Stücke teilen und jedes erneut zu einer 30 cm langen Rolle formen – sie sollte in der Mitte dicker als an
den Enden sein. Die Stränge dann zu Brezen schlingen
und zugedeckt 15 Minuten gehen lassen.

3 Das Natron oder die Brezenlauge vom Bäcker mit
Wasser im Verhältnis 1:10 mischen und aufkochen.
Jeweils 2–3 Brezen darin 30 Sekunden ziehen lassen.
Herausheben und abtropfen lassen. Auf ein mit Back-
papier ausgelegtes Blech legen und mit Salz bestreuen.

4 Die Brezen bei 220 °C im vorgeheizten Ofen
20–25 Minuten backen, bis sie die typische gold-
braune Farbe haben.

Gewürzbrötchen

1 Wasser und Milch vermischen. Das Mehl in eine Schüssel sieben, in die Mitte eine Mulde drücken und die Hefe hineinbröckeln. Den Zucker darüber streuen und die Hefe mit einem Teil der Wasser-Milch-Mischung verrühren. Mit Mehl bestauben und den Ansatz zugedeckt etwa 15 Minuten gehen lassen, bis sich sein Volumen verdoppelt hat und die Oberfläche Risse zeigt.

2 Das Salz auf das Mehl am Schüsselrand streuen. Von der Mitte aus die restliche Milch-Wasser-Mischung sowie das Ei in den Teig einarbeiten. Den Teig kräftig durchkneten und zugedeckt an einem warmen Ort etwa 30 Minuten gehen lassen, bis sich sein Volumen verdoppelt hat.

3 Den Teig nochmals kurz durchkneten, 24 Kugeln daraus formen und flach drücken. Die Brötchen in zerlassener Butter wenden und in die gebutterten Rehrückenformen setzen.

4 Den Koriander, den Kümmel und den Pfeffer im Mörser grob zerstoßen, mit dem Salz vermischen und das Gewürz auf die Brötchen streuen. Diese in den Formen nochmals 30 Minuten gehen lassen und bei 200 °C etwa 25 Minuten backen. Herausnehmen und auskühlen lassen.

Zubereitungszeit: 25 Min., Ruhezeit: 1 Std. 15 Min., Backzeit: 20–25 Min. fürs Büfett

Zutaten für 24 Stück
1/8 l lauwarmes Wasser
70 ml lauwarme Milch
375 g Weizenmehl Type 405
21 g frische Hefe (1/2 Würfel)
1/2 TL Zucker
1 TL Salz
1 Ei

Außerdem:

2 Rehrückenformen

120 g zerlassene Butter

2 TL Koriandersamen

1 TL Kümmel

1/2 TL schwarze Pfefferkörner

1 TL grobes Salz

Info

Koriander ist im Handel gemahlen oder in Form von ganzen Samenkörnern erhältlich. Die Samen schmecken süß-scharf und erinnern an Orangen.

Gewürzbrezeln

Zubereitungszeit: 20 Min.

Ruhezeit: 1 Std., Backzeit: 10–15 Min.

Spezialität aus dem Baltikum

1 Wasser und Milch vermischen. Das Mehl in eine Schüssel sieben, in die Mitte eine Mulde drücken und die Hefe hineinbröckeln. Den Zucker darüber streuen und die Hefe mit einem Teil der Wasser-Milch-Mischung verrühren. Mit Mehl bestauben und den Ansatz zugedeckt etwa 15 Minuten gehen lassen, bis sich sein Volumen verdoppelt hat und die Oberfläche Risse zeigt.

2 Das Salz auf das Mehl am Schüsselrand streuen. Von der Mitte aus die restliche Milch-Wasser-Mischung sowie das Ei in den Teig einarbeiten. Den Teig kräftig durchkneten und zugedeckt an einem warmen Ort etwa 30 Minuten gehen lassen, bis sich sein Volumen verdoppelt hat.

3 Noch einmal kurz durchkneten und den Teig in 6 gleichmäßige Stücke teilen. Diese zu langen Rollen formen und aus je 3 Teigsträngen einen Zopf flechten. Die Zöpfe zu 2 großen Brezeln formen und auf einem gefetteten Backblech nochmals 15 Minuten gehen lassen. Mit der Eigelb-Milch-Mischung bestreichen, mit Kümmel sowie grobem Salz bestreuen und die Brezeln bei 200 °C im vorgeheizten Ofen in 10–15 Minuten goldbraun backen. Herausnehmen und auf einem Kuchengitter auskühlen lassen.

Zutaten für 2 Stück
1/8 l lauwarmes Wasser
70 ml lauwarme Milch
375 g Weizenmehl Type 405
21 g frische Hefe (1/2 Würfel)
1/2 TL Zucker
1 TL Salz
1 Ei

Außerdem:

1 Eigelb mit 2 EL Milch verquirlt

Kümmelsamen und grobes Salz zum Bestreuen

Info

Die Küchen Estlands, Lettlands und Litauens sind stark von jenen ihrer unmittelbaren Nachbarn geprägt: Russische Einflüsse lassen sich ebenso feststellen wie polnische. Auch die deutsche Küche hat, insbesondere in Estland, durch die lange während Herrschaft des Deutschen Ordens ihre Spuren hinterlassen. Kümmel zählt neben Dill zu den wichtigsten Gewürzen der baltischen Küchen – die untereinander im Übrigen erhebliche Unterschiede aufweisen.

Zubereitungszeit: 20 Min., Ruhezeit: 30–45 Min., Backzeit: 20–25 Min.
Spezialität aus den USA

330 g Weizenmehl Type 405

15 g frische Hefe, 1/2 TL Zucker

175 ml lauwarme Milch, 25 g Butter

1 gestrichener TL Salz, 1 Ei

Für den Belag:

1/2 Kopfsalat

120 g kleine rote Zwiebeln

150 g rote Paprikaschoten

180 g Salami

120 g amerikanischer Hartkäse
(Monterey Jack, Colby)

6 EL Mayonnaise

1 EL gehackte Kräuter, z. B. Petersilie

Außerdem:

1 Eigelb, mit 3 EL Wasser verquirlt

grob gemahlener schwarzer und
weißer Pfeffer

Variante

Für 16 Vollkornbagels nehmen
Sie 400 g Weizen- und 200 g Weizenvollkornmehl, 200 g zarte
Haferflocken, 42 g frische Hefe,
2 EL Zucker, 600 ml lauwarmes
Wasser, 2 TL Salz. Einen elastischen Hefeteig zubereiten, aufs
doppelte Volumen gehen lassen.
Fortfahren, wie beschrieben.

Pfeffer-Bagels

1 Alle Zutaten zu einem elastischen Teig verarbeiten. 30–45 Minuten gehen lassen, bis er sein Volumen verdoppelt hat. Den Teig in 6 Stücke teilen und zu Kugeln formen. Mit einem Kochlöffelstiel jeweils ein Loch in die Mitte drücken und dieses durch kreisende Bewegungen des Stiels vergrößern, bis gleichmäßige Ringe geformt sind. 5 Minuten ruhen lassen.

2 Einen Topf zu 3/4 mit Wasser füllen und aufkochen. Jeweils 2–3 Bagels mit der Oberseite nach unten hineinlegen und 30 Sekunden ziehen lassen. Umdrehen und weitere 30 Sekunden ziehen lassen. Mit einem Schaumlöffel herausheben und gut abtropfen lassen; auf ein mit Backpapier belegtes Blech legen. Die Bagels mit Eigelb einstreichen und mit dem grob gemahlenen Pfeffer bestreuen. Bei 200 °C im vorgeheizten Ofen in 20–25 Minuten hellbraun backen.

3 Für die Füllung den Kopfsalat waschen und abtropfen lassen. Die Zwiebeln schälen und in Ringe schneiden. Die Paprikaschoten putzen und das Fruchtfleisch in Ringe schneiden. Die Salami in dünne Scheiben, den Käse in 3 cm lange, schmale Stifte schneiden. Die Bagels aufschneiden, die Unterseite mit etwas Mayonnaise bestreichen. Die restlichen Salatzutaten darauf schichten, mit Mayonnaise und frischen Kräutern abschließen und jeweils den Deckel aufsetzen.

Englische Bröt-chen: Crumpets

Zubereitungszeit: 40 Min.

Ruhezeit: 2 Std.

Spezialität aus Großbritannien

1 Das Mehl in eine Schüssel sieben und mit dem Salz vermischen. Die Hefe erst in der Milch auflösen und dann zu dem Mehl in die Schüssel gießen. Alle Zutaten zu einem glatten, ziemlich flüssigen Teig verrühren. Die Schüssel mit einem Tuch abdecken und den Teig an einem warmen, zugfreien Ort etwa 1 Stunde gehen lassen.

2 Den Teig zusammenschlagen und erneut zugedeckt etwa 1 Stunde gehen lassen, bis sich große Blasen gebildet haben.

3 Die Ringe oder Ausstecher auf der Innenseite gründlich mit der Butter bepinseln. Eine schwere, gusseiserne Pfanne mit etwas Butter erhitzen. Die Ringe in die Pfanne legen und mit einem Löffel jeweils so viel Teig hineingeben, dass sie zur Hälfte gefüllt sind.

4 Die Crumpets so lange bei geringer Hitze backen, bis die Oberfläche fest zu werden beginnt und die Blasen im Teig geplatzt sind. Vorsichtig aus den Ringen nehmen, wenden und auf der anderen Seite fertig backen, bis sie goldgelb sind. Den restlichen Teig auf die gleiche Weise zu Crumpets verbacken.

Zutaten für 16 Stück
500 g Weizenmehl Type 550
1 TL Salz
30 g frische Hefe
600 ml lauwarme Milch

Außerdem:

Ausstechringe von ca. 10 cm Ø

zerlassene Butter für die Ringe und für die Pfanne

Tipp

Die Brötchen mit der weichen Struktur werden vor dem Servieren häufig getoastet – wenn's stilecht sein soll, indem man sie auf lange Gabeln spießt und am Kaminfeuer röstet. Hervorragend schmecken sie mit Butter und Marmelade oder Honig bestrichen zum Nachmittagstee. Wer's lieber pikant mag, kann sie aber auch mit Rühreiern und Sardellenfilets oder mit Spiegeleiern belegen.

Zubereitungszeit (mit Tunfisch-Belag):
50 Min., Ruhezeit: 1 Std. 30 Min.
Backzeit: 15 Min.
Spezialität aus den USA

Zutaten für 4 Portionen

Für 20 Brötchen:

70 g Butter, 42 g frische Hefe (1 Würfel)

70 g Instant-Magermilchpulver

40 g Zucker, 350 ml lauwarmes Wasser

1 Ei, 1 Eigelb

800 g Weizenmehl Type 405

1 1/2 TL Salz

Außerdem:

Öl und Mehl für das Blech

Ausstechringe von 9,5 cm Ø

1 Ei, mit etwas Wasser verquirlt

geschälte Sesamsamen nach Belieben

Für 4 Tunfisch-Burger:

400 g frischer Tunfisch am Stück

grob zerstoßener schwarzer Pfeffer

3–4 EL Pflanzenöl, Salz

einige Blätter Eichblattsalat

80 g Zwiebeln, 120 g Tomaten

4 Burger-Brötchen mit Sesam

Tomaten- oder Chiliketchup

Tipp

Brötchen, die man nicht gleich verwendet, lassen sich problemlos einfrieren und wieder auftauen. Wer mag, kann sie kurz aufbacken oder toasten – dann werden sie aber knuspriger.

Hamburger Brötchen

1 Für die Brötchen die Butter in einer kleinen Pfanne zerlassen und auskühlen lassen. In einer entsprechend großen Schüssel Hefe, Milchpulver und Zucker im Wasser auflösen. Die Butter einrühren und alles bei Raumtemperatur etwa 10 Minuten stehen lassen.

2 Ei und Eigelb verquirlen und unter den Vorteig rühren. Das Mehl darüber sieben, das Salz zufügen. Alles mit einem Holzlöffel, dann mit den Händen zu einem glatten, geschmeidigen Teig verkneten. Zu einer Kugel formen und zugedeckt 1 Stunde gehen lassen.

3 Den Teig erneut durchkneten, halbieren und auf einer bemehlten Arbeitsfläche zu 2 Platten von je 1 cm Dicke ausrollen. Etwa 8 Minuten ruhen lassen.

4 2 Backbleche dünn mit Öl bepinseln und mit Mehl bestauben. Aus dem ausgerollten Teig 10 Kreise von je 9,5 cm ausstechen. Die Kreise auf die Backbleche legen. Die Teigstücke 10 Minuten gehen lassen, gleichmäßig mit dem verquirlten Eigelb bestreichen. Nach Belieben die Oberfläche der Brötchen mit geschälten Sesamsamen bestreuen.

5 Brötchen etwa 15 Minuten bei 200 °C im vorgeheizten Ofen backen. Herausnehmen, auskühlen lassen.

6 Für die Tunfisch-Hamburger den Fisch unter fließendem kaltem Wasser kurz waschen, trockentupfen, in Pfeffer wälzen und in 4 Scheiben schneiden. Diese mit Öl einstreichen und unter dem vorgeheizten Grill von jeder Seite etwa 2 Minuten grillen. Aus dem Grill nehmen und salzen. Den Salat waschen und trockenschleudern. Die Zwiebeln schälen und in Ringe schneiden. Die Tomaten waschen, Stielansätze entfernen und das Fruchtfleisch in Scheiben schneiden. Die Brötchen quer halbieren. Auf jeder Brötchen-Unterseite etwas Salat, eine Scheibe Tunfisch, Tomatenscheiben und Zwiebelringe arrangieren. Mit einem Klecks Ketchup versehen. Die oberen Brötchenhälften auflegen und die Hamburger sofort servieren.

Zubereitungszeit: 40 Min., Ruhezeit:
3 Std. 30 Min., Backzeit: 15 Min.
Spezialität aus Frankreich, Klassiker

Zutaten für 20 Stück

Für den Teig:

500 g Weizenmehl Type 405

21 g frische Hefe (1/2 Würfel)

gut 300 ml Milch

1 1/2 TL Salz

40 g Zucker

300 g Butter

Außerdem:

Mehl zum Ausrollen

Eigelb zum Bestreichen

Variante

Croissants können als feiner Snack auch pikant mit Schinken oder Käse gefüllt werden. Dazu setzt man ein kleines Häufchen klein gewürfelten Schinken oder frisch geriebenen Käse, etwa Gruyère oder Beaufort, in die Mitte der breiten Endseite und rollt die Hörnchen dann auf, wie auf Seite 9 gezeigt.

Croissants

1 Das Mehl auf eine Arbeitsfläche sieben; in die Mitte eine Mulde drücken. Die Hefe hineinbröckeln und mit der Milch auflösen, dabei etwas Mehl vom Rand mit untermischen. Salz und Zucker zufügen und alles zu einem leichten, geschmeidigen Teig kneten. Wegen des geringen Hefeanteils sollte der Teig bei Zimmertemperatur langsam gehen, bis er sein Volumen etwa verdoppelt hat, das dauert ungefähr 1 Stunde.

2 Den Teig anschließend nochmals kurz durchkneten und mit Folie zugedeckt für 1–2 Stunden in den Kühlschrank stellen. In der Zwischenzeit die Butter aus dem Kühlschrank nehmen, bei Zimmertemperatur weich werden lassen und etwas geschmeidig kneten. Sie sollte die gleiche Konsistenz haben wie der Teig.

3 Den Teig aus dem Kühlschrank nehmen und auf einer bemehlten Arbeitsfläche in alle vier Richtungen so ausrollen, dass sich auf den Seiten nach außen dünner werdende „Lappen" ergeben. Die Butter entweder zwischen Folie oder auf einer bemehlten Arbeitsfläche zu einer rechteckigen, flachen Platte drücken und in die Mitte der ausgerollten Teigplatte legen; die dünner ausgerollten Teigränder rundum mit Wasser bestreichen und die Butter vollständig in den Teig einhüllen. Nun den Teigblock gleichmäßig zu einer Platte von 30 x 20 cm ausrollen und eine „einfache Tour" legen, wie auf Seite 9 gezeigt.

4 Die „einfache Tour" noch zweimal wiederholen, den Teig dazwischen jeweils 10 Minuten im Kühlschrank ruhen lassen. Nach der letzten „Tour" den Teig zu einer Platte von 60 x 40 cm ausrollen und erneut kurz ruhen lassen.

5 Die Hörnchen zuschneiden und formen, wie auf Seite 9 gezeigt wird. Mit Abstand und mit dem Schluss nach unten auf ein gefettetes Backblech setzen. Etwa 30 Minuten gehen lassen, bis sie ihr Volumen verdoppelt haben. Danach die Croissants mit verquirltem Eigelb bestreichen. Bei 220–240 °C im vorgeheizten Ofen in etwa 15 Minuten goldgelb backen.

Blitzschnelle Schokocroissants

1 Den Backofen auf 200 °C vorheizen. Das Backblech mit Backpapier auslegen.

2 Den Croissant-Teig auseinander rollen und auf das Blech legen. Die Nuss-Nougat-Creme oder eine der anderen Füllungen gleichmäßig auf die 6 Teigstücke verteilen; alle Teigstücke von der breiten Seite her aufrollen.

3 Die Croissants im Backofen (Mitte, Umluft 180 °C) 12 Minuten backen. 5 Minuten vor Ende der Backzeit mit Schokoröllchen bestreuen.

Zubereitungszeit: 10 Min.

Backzeit: 12 Min.

schnell, schmeckt Kindern

Zutaten für 6 Stück

1 Packung Croissant-Teig (6 Stück, 250 g, Kühltheke)

6 EL Nuss-Nougat-Creme (wahlweise 3 EL Aprikosenkonfitüre oder eine Mischung aus 50 g gemahlenen Haselnüssen, etwas Zimt, 50 g Sahne und 2 1/2 TL Zucker)

Außerdem:

Backpapier

Schokoröllchen zum Bestreuen

Brioches

1 Das Mehl in eine Schüssel sieben und in die Mitte eine Mulde drücken. Die Hefe hineinbröckeln und mit 5 EL lauwarmem Wasser auflösen, dabei etwas Mehl vom Rand mit untermischen. Den Ansatz mit etwas Mehl bestauben. Die Schüssel mit einem sauberen Tuch abdecken und den Teig an einem warmen, zugfreien Ort etwa 15 Minuten gehen lassen, bis die Oberfläche deutliche Risse zeigt.

2 Die Eier und das Salz zum Vorteig geben und mit einem Rührlöffel kräftig durchschlagen, bis der Teig Blasen wirft und sich vom Schüsselrand löst. Anschließend die weiche Butter in den Teig einarbeiten und ihn kneten, bis er ganz locker ist und seidig glänzt. Zugedeckt im Kühlschrank 2 Stunden gehen lassen. Den Teig danach kurz durchkneten, zu einer Kugel formen und erneut zugedeckt im Kühlschrank gehen lassen, am besten über Nacht.

3 Am nächsten Tag den Teig nochmals durchkneten und Teigstücke zu je 35 g abwiegen. Jeweils etwa 1/3 des Teiges (12 g) abtrennen und die beiden Teigstücke zu gleichmäßigen Kugeln formen. Die Briocheförmchen mit Butter auspinseln. Jeweils die größere Kugel in ein Förmchen setzen, in der Mitte mit dem Finger etwas eindrücken und die kleinere Kugel als Köpfchen darauf setzen. Den Teig zwischen Köpfchen und Rand rundum mit den Fingerspitzen etwas eindrücken, damit das Köpfchen tiefer sinkt und beim Gehen oder Backen nicht „herauswächst".

4 Die Brioches bei Zimmertemperatur 90 Minuten gehen lassen, bis sie das Doppelte ihres Volumens erreicht haben. Mit verquirltem Eigelb bestreichen, in den Förmchen auf ein Blech stellen.

5 Die Brioches bei 230 °C im vorgeheizten Ofen in etwa 12 Minuten goldbraun backen. Aus dem Backofen nehmen und etwas abkühlen lassen. Aus den Förmchen nehmen und vor dem Servieren vollständig auskühlen lassen.

Zubereitungszeit: 35 Min.

Ruhezeit: 10 Std. + 1 Std. 30 Min.

Backzeit: 12 Min.

Spezialität aus Frankreich

Zutaten für etwa 28 Stück
500 g Mehl
25 g frische Hefe
4 Eier
1 TL Salz
250 g weiche Butter

Außerdem:

Briocheförmchen von 7 cm Ø

zerlassene Butter für die Förmchen

1 Eigelb zum Bestreichen

Tipp

Die lockere Konsistenz verdanken die Brioches der langen Gehzeit des fertigen Teiges. Deshalb empfiehlt es sich, ihn am Vortag anzusetzen. Die fertigen Brioches kann man einfrieren und ohne großen Qualitätsverlust auftauen.

Zubereitungszeit: 35 Min., Ruhezeit:
10 Std. + 2 Std., Backzeit: 15 Min.
Spezialität aus Frankreich

Zutaten für etwa 15 Stück
200 g Mehl
100 g geschälte, fein gemahlene Mandeln
15 g frische Hefe
1/8 l lauwarme Milch
2 Eigelbe
50 g weiche Butter
50 g Zucker
1 Prise Salz

Außerdem:

Briocheförmchen von je 7 cm Ø

zerlassene Butter für die Förmchen

1 Eigelb zum Bestreichen

Tipp

Brioches lassen sich in verschiedenen Größen und Variationen herstellen. Besonders beliebt sind sie in Portionsförmchen gebacken. Für eine Briocheform von 16 cm Durchmesser benötigt man 300 g, für eine von 18 cm etwa 400 g Teig.

Mandelbrioches

1 Das Mehl und die gemahlenen Mandeln in einer Schüssel mischen und eine Mulde in die Mitte drücken. Die Hefe hineinbröckeln und mit der Milch auflösen. Etwas Mehl vom Rand darüber stauben, den Vorteig mit einem Tuch bedecken und etwa 15 Minuten gehen lassen, bis die Oberfläche Risse zeigt.

2 Die Eigelbe, die Butter, den Zucker und das Salz unter den Vorteig arbeiten und alles zu einem glatten Teig verkneten. Den Teig auf einer bemehlten Arbeitsfläche durchkneten, bis er weich und geschmeidig ist. Zur Kugel formen, zudecken und gehen lassen, bis er das Doppelte seines Volumens erreicht hat, am besten über Nacht.

3 Die Briocheförmchen mit Butter auspinseln. Den Teig durchkneten und Teigstücke zu je 35 g abwiegen. Jeweils etwa 1/3 des Teiges (12 g) abtrennen und die beiden Teigstücke zu gleichmäßigen Kugeln formen. Die größere Kugel in die Förmchen setzen, in der Mitte mit dem Finger etwas eindrücken und die kleinere Kugel als Köpfchen darauf setzen. Den Teig zwischen Köpfchen und Rand rundum mit den Fingerspitzen etwas eindrücken, damit das Köpfchen tiefer sinkt und beim Gehen oder Backen nicht „herauswächst".

4 Mit einem Tuch bedecken und gehen lassen, bis die Brioches ihr Volumen ungefähr verdoppelt haben; das dauert etwa 2 Stunden.

5 Das Eigelb verquirlen und die Brioches damit bestreichen. Bei 200 °C im vorgeheizten Ofen in etwa 15 Minuten goldgelb backen.

Kleine Walnuss-fladen

1 Das Mehl in eine Schüssel sieben und in die Mitte eine Mulde drücken. Die Hefe hineinbröckeln und mit dem Wasser auflösen, dabei etwas Mehl vom Rand mit untermischen. Den Zucker, das Salz, etwas Pfeffer, das Ei, das Schmalz und das Olivenöl zugeben und alle Zutaten zu einem glatten Teig verarbeiten. Zu einer Kugel formen, in die Schüssel legen und mit einem sauberen Tuch zudecken. Den Teig an einem warmen, zugfreien Ort etwa 45 Minuten gehen lassen, bis er das Doppelte seines Volumens erreicht hat.

2 Den Hefeteig nochmals kurz durchkneten und in 3 gleich große Portionen teilen. Die Stücke auf einer bemehlten Arbeitsfläche zu runden Platten von 20 cm Durchmesser formen. Die Backbleche leicht einfetten und die Teigfladen auflegen.

3 Das Ei verquirlen und die Oberflächen der Fladen damit bestreichen. Die Walnusskerne gleichmäßig mit großem Abstand zueinander in die Teigfladen drücken. Salz und Pfeffer darüber streuen.

4 Die fertig belegten Fladen erneut mit einem Tuch zudecken und etwa 15 Minuten gehen lassen. Die kleinen Walnussbrote bei 200 °C im vorgeheizten Ofen 10–15 Minuten backen.

Zubereitungszeit: 25 Min.

Ruhezeit: 1 Std., Backzeit: 10–15 Min.

Spezialität aus dem Mittelmeerraum

Zutaten für 3 Stück

Für den Teig:

500 g Weizenmehl Type 405

21 g frische Hefe (1/2 Würfel)

etwa 1/4 l lauwarmes Wasser

1/2 TL Zucker

1 gestrichener TL Salz

frisch gemahlener Pfeffer

1 kleines Ei

1 TL weiches Schweineschmalz

1 1/2 EL Olivenöl

Für den Belag:

1 kleines Ei, verquirlt

100 g gehäutete Walnusskerne

grobes Meersalz

grob gemahlener schwarzer Pfeffer

Außerdem:

Öl für die Backbleche

Tipp

Für die Fladen sollte man hochwertige Nüsse verwenden – am besten frisch geknackt, blanchiert und gehäutet.

Englische Osterbrötchen: Hot Cross Buns

Zubereitungszeit: 25 Min., Ruhezeit: 1 Std. 30 Min., Backzeit: 20–25 Min. Spezialität aus Großbritannien

Zutaten für 16 Stück

600 g Weizenmehl Type 550

1/2 TL Salz

1 1/2 gestrichener EL Zucker

42 g frische Hefe (1 Würfel)

1/4 l lauwarme Milch

2 Eier

50 g weiche Butter

nach Belieben: 100 g helle Rosinen, 1 TL Piment und 1 TL Zimt

Außerdem:

Fett für das Blech

1 Eigelb

1 EL Sahne

1 Das Mehl in eine Schüssel sieben, mit Salz und Zucker vermischen. Die Hefe in der Milch auflösen. Mit Eiern, Butter und der Mehlmischung zu einem geschmeidigen Teig verkneten. Nach Belieben die Rosinen und Gewürze mit in den Teig kneten. Den Teig zur Kugel formen und in die Schüssel legen. Mit einem Tuch bedecken, an einen warmen, zugfreien Ort stellen und den Teig 40–60 Minuten gehen lassen, bis er das Doppelte seines Volumens erreicht hat.

2 Den Teig erneut durchkneten. In 10 Portionen von je 60 g teilen und zu Kugeln formen. Diese mit etwas Abstand voneinander auf ein gefettetes Backblech legen. Zudecken und weitere 30 Minuten gehen lassen, bis sich ihr Volumen deutlich vergrößert hat.

3 Jede Teigkugel mit einem sehr scharfen Messer kreuzweise einschneiden. Das Eigelb mit der Sahne verquirlen und die Oberfläche der Kugeln damit bestreichen. Die Brötchen im vorgeheizten Ofen bei 200 °C 20–25 Minuten backen.

Info

Hot Cross Buns wurden in England traditionell am Karfreitag gereicht, schmecken selbstverständlich aber nicht nur dann. Der Name erklärt sich durch das Kreuz, das auf der Oberfläche eingeritzt oder mit Teigstreifen aufgelegt wird.

Zubereitungszeit: 20 Min.

Ruhezeit: 8 Std., Backzeit: 5–10 Min.

Spezialität aus Mallorca

Zutaten für 10 Stück

750 g Weizenmehl Type 550
1/2 TL Salz
125 g Zucker
30 g frische Hefe
1/4 l lauwarmes Wasser
2 Eier
60 g Sauerteig
50 ml Olivenöl

Außerdem:

Fett für das Backblech

Tipp

Die Schnecken lassen sich am Abend zubereiten und dann – wie traditionell auf Mallorca – zum Frühstück genießen. Mallorquinische Bäcker halten sich sogar an Gehzeiten zwischen 14 und 24 Stunden. Wer keinen Sauerteig vom letzten Brotbacken übrig hat, kann ohne weiteres dunklen nehmen, den man abgepackt kaufen kann. Die hier verwendete Menge ist so gering, dass sie der hellen Farbe des Teiges nichts anhaben kann. Noch besser ist es allerdings, wenn man beim Bäcker helleren Sauerteig bekommt.

Hefeschnecken

1 Das Mehl in eine Schüssel sieben und mit Salz und Zucker mischen. Die Hefe unter Rühren im lauwarmen Wasser auflösen. Die Eier in einer kleinen Schale leicht miteinander verschlagen. Die Hefelösung, die Eier, den Sauerteig und das Olivenöl zum Mehl geben. Alles zunächst verrühren und dann mit den Händen zu einem geschmeidigen Teig verkneten. Sollte er kleben, noch etwas Mehl unterarbeiten.

2 Den Teig zu einer Kugel formen, in eine Schüssel legen, mit einem Tuch zudecken und an einem warmen, zugfreien Ort 60–90 Minuten gehen lassen, bis sich sein Volumen verdoppelt hat.

3 Den Teig erneut durchkneten und in 10 Portionen von je 150 g teilen. Jedes Teigstück auf einer leicht bemehlten Arbeitsfläche zu einer Kugel formen – der Fachmann nennt dies „rundschleifen" – und zugedeckt erneut 15 Minuten ruhen lassen, damit sich der Teig besser formen lässt.

4 Mit feuchten Händen die Teigkugeln zu mindestens 75 cm langen Strängen rollen, die an einem Ende dünner werden. Jeden Strang zu einer Schnecke formen. Dabei mit dem dickeren Ende beginnen und den Strang spiralförmig so anordnen, dass die Schnecke in der Mitte etwas enger zusammengerollt ist als am Rand. Das dünn auslaufende Ende des Teigstrangs schlägt man unter die Windung.

5 Ein Backblech fetten und die Teigschnecken mit großzügigem Abstand darauf legen, so dass sie später nicht zusammenbacken. Mit einem Tuch zudecken und weitere 6 Stunden gehen lassen. Schnecken bei 200 °C im vorgeheizten Ofen 5–10 Minuten backen.

Milchbrötchen

1 Hefe und Zucker in der Milch auflösen. Alle Zutaten zu einem glatten Teig verkneten. Den Teig abgedeckt in einer Schüssel 45 Minuten gehen lassen.

2 Den Backofen auf 200 °C vorheizen. Ein Backblech mit Backpapier auslegen. Den Teig noch einmal durchkneten, 12 Brötchen formen und auf dem Backblech abgedeckt 15 Minuten gehen lassen.

3 Die Teigoberfläche mit lauwarmem Wasser bestreichen und die Brötchen in den Ofen schieben. Eine Tasse Wasser auf den Herdboden gießen. Die Brötchen im Ofen (Mitte, Umluft 180 °C) 25–30 Minuten backen.

Zubereitungszeit: 15 Min.

Ruhezeit: 1 Std., Backzeit: 25–30 Min.

Klassiker, schnell

Zutaten für 12 Stück
21 g frische Hefe (1/2 Würfel)
1 TL Zucker
1/4 l lauwarme Milch
1 TL Salz
500 g Mehl
50 g weiche Butter
1 Ei
50 g Rosinen (nach Belieben)

Außerdem:

Backpapier für das Blech

Tipp

Wenn beim Backen nicht der ganze Hefewürfel gebraucht wird, können Sie den Rest in Frischhaltefolie wickeln und weiterhin im Kühlschrank bis zum Verfallsdatum aufbewahren. Am besten schreiben Sie also das Datum auf die Folie. Lieber nicht die Hefemenge im Teig erhöhen, um Reste zu vermeiden, denn zu viel Hefe kann das Aufgehen des Teiges verhindern.

Pikantes für die Party

Bällchen, Törtchen & Co.

Selbst gemachte Kartoffelbällchen, Zwiebel-Schnecken oder Kümmelkuchen sind der Renner auf jeder Party. Aber nicht nur dort: Herzhaftes und Würziges aus dem Backofen schmeckt auch zu Hause, in einer kleinen gemütlichen Runde oder einfach mal abends zu einem Glas Wein oder Bier. Ob Käseschleifen, kleine Fladenbrote oder Gemüsesäckchen – das Knabbergebäck in diesem Kapitel sieht nicht nur hübsch aus, wegen seiner handlichen Größe und Form ist es auch so leicht zu essen. Viele Rezepte können Sie sogar ganz nach Lust und Laune variieren – mal mit Fleisch, mal vegetarisch oder extra scharf. Aber Vorsicht: Wer einmal mit dem Essen anfängt, kann oft nicht mehr aufhören!

Zubereitungszeit: 1 Std.

Backzeit pro Blech: 10–12 Min.

fürs Büfett, schmeckt zu Wein

Zutaten für 44 Stück

Für den Blitzblätterteig:

250 g Mehl

200 g Butter

knapp 1/2 TL Salz (3 g)

100 ml Wasser

Für die Käseschleifen:

40 g Extrahartkäse (Parmesan, Sbrinz, alter Gouda)

600 g Blätterteig (siehe oben)

2 Eigelbe, verquirlt

Salz

frisch gemahlener Pfeffer

Tipp

Blätterteig wird in guter Qualität fertig angeboten. Wer das Käsegebäck mit selbst gemachtem Teig ausprobieren will, dem sei der Blitzblätterteig in diesen Rezepten empfohlen. Da er sich jedoch nicht gut in kleinen Mengen herstellen lässt, backt man das Käseknabbergebäck am besten gleich für eine größere gemütliche Runde.

Käseschleifen

1 Für den Blitzblätterteig das Mehl auf eine Arbeitsfläche sieben und eine Mulde in die Mitte drücken. Die in Stücke geschnittene Butter auf den Rand legen und das Salz darüber streuen. Das Wasser vorsichtig in die Mulde gießen. Wasser und Mehl mit der Hand verrühren, bis ein zäher Teig entstanden ist. Die Butter schnell unterkneten, aber nicht vollständig einarbeiten.

2 Den Teig zu einem Rechteck ausrollen. Zu zwei Dritteln übereinanderschlagen und das letzte Drittel darüber klappen, so dass 3 Teigschichten übereinander liegen. Den Teig wieder ausrollen, von beiden Seiten bis zur Mitte einschlagen und in der Mitte zusammenklappen – diesmal liegen 4 Teigschichten übereinander. Die beiden Prozeduren in dieser Reihenfolge noch einmal wiederholen.

3 Den Käse fein reiben. Den Blätterteig halbieren. Eine der Hälften zu einer 30 x 20 cm großen Platte ausrollen, diese dann quer in 3 Teile von je 10 x 20 cm schneiden. Einen der Teile dick mit Eigelb bestreichen, mit Käse bestreuen, salzen – dabei den Salzgehalt des Käses berücksichtigen – und pfeffern. Die 2. Teigplatte passgenau auflegen; ebenfalls dick mit Eigelb bestreichen, mit Käse bestreuen, je nach Salzgehalt des Käses salzen und pfeffern.

4 Die 3. Teigplatte ebenfalls dick mit Eigelb bestreichen und auf die 2. Platte legen. Fest andrücken, damit die Schichten sich gut miteinander verbinden. Die Platten auf 11 x 22 cm ausrollen. Mit einem sehr scharfen Messer in Streifen von 1 cm Breite schneiden; der Teig darf nicht gedrückt werden.

5 Jeden Teigstreifen mit beiden Händen in der Mitte fassen – vorsichtig, so dass der Teig nicht gedrückt wird – und einmal um sich selbst drehen. Die Schleifen mit einer Schnittkante nach unten auf ungefettete Backbleche legen, dabei genügend Zwischenraum lassen, damit sie aufgehen können.

6 Den übrigen Teig genauso verarbeiten. Die Käseschleifen bei 200 °C im vorgeheizten Ofen 10–12 Minuten backen.

Käsestangen

1 Für den Blitzblätterteig das Mehl auf eine Arbeitsfläche sieben und eine Mulde in die Mitte drücken. Die in Stücke geschnittene Butter auf den Rand legen und das Salz darüber streuen. Das Wasser vorsichtig in die Mulde gießen. Wasser und Mehl mit der Hand verrühren, bis ein zäher Teig entstanden ist. Die Butter schnell unterkneten, aber nicht vollständig einarbeiten.

2 Den Teig zu einem Rechteck ausrollen. Zu zwei Dritteln übereinander schlagen und das letzte Drittel darüber klappen, so dass 3 Teigschichten übereinander liegen. Den Teig wieder ausrollen, von beiden Seiten bis zur Mitte einschlagen und in der Mitte zusammenklappen – diesmal liegen 4 Teigschichten übereinander. Die beiden Prozeduren in dieser Reihenfolge noch einmal wiederholen.

3 Den Käse reiben. Den Teig zu einer Platte von 30 x 30 cm ausrollen und mit Eigelb bestreichen. Eine Hälfte mit Käse bestreuen und pfeffern. Die andere Hälfte darüber schlagen. Mit dem Nudelholz darüber rollen, um alles gut miteinander zu verbinden.

4 Mit einem Teigrädchen entlang eines Lineals in 1 cm breite Streifen schneiden. Die Teigstreifen vorsichtig (der Teig soll nicht gedrückt werden) mehrmals in sich drehen. Auf ein mit Wasser benetztes Backblech legen. Die Käsestangen gleichmäßig mit dem restlichen Eigelb bestreichen und nach Belieben mit Kümmel bestreuen. Bei 220 °C im vorgeheizten Ofen etwa 10 Minuten goldbraun backen.

Zubereitungszeit: 50 Min.

Backzeit: 10 Min.

für die größere Runde

Zutaten für etwa 30 Stück

Für den Blitzblätterteig:

250 g Mehl

200 g Butter

knapp 1/2 TL Salz (3 g)

110 ml Wasser

Für die Käsestangen:

200 g Hartkäse (Emmentaler oder ein gut gereifter Bergkäse)

600 g Blätterteig (siehe oben)

4 Eigelbe, mit etwas Wasser verquirlt

frisch gemahlener Pfeffer

Kümmel

Variante

Die Käsestangen kann man statt mit Kümmel auch mit Mohn oder geschältem Sesam bestreuen. Zu einem guten Wein schmeckt das knusprige Gebäck in jedem Fall.

Mürbes Käsegebäck

Zubereitungszeit: 55 Min., Ruhezeit: 2–10 Std., Backzeit: 12–15 Min.

gut vorzubereiten

1 Für den Teig die Butter, den Käse, Salz und Paprikapulver in eine Rührschüssel geben. Die Sahne in die Schüssel gießen und alles zu einer glatten Masse verarbeiten; es dürfen keine Butterstücke mehr sichtbar sein. Mehl und Backpulver auf eine Arbeitsfläche sieben. Eine Mulde eindrücken, die Käsemasse darauf geben. Alles krümelig verreiben. Zu einem glatten Teig verkneten, dabei möglichst rasch arbeiten, denn der Mürbteig wird sonst brüchig.

2 Den Teig zu einer Kugel formen, in Klarsichtfolie wickeln und für etwa 2 Stunden im Kühlschrank ruhen lassen. Noch besser ist es, ihn über Nacht im Kühlschrank zu belassen.

3 Den Käse-Mürbteig auf einer leicht bemehlten Arbeitsfläche mit einem Rollholz etwa 3–4 mm dick ausrollen. Plätzchen in beliebigen Formen ausstechen. Auf ein ungefettetes Backblech legen; der Teig enthält genug Fett, um ein Ankleben zu verhindern.

4 Die Eigelbe mit der Milch verquirlen. Die Plätzchen damit bestreichen und nach Belieben mit Mohn, Kümmel, Pistazien, Sesam oder Salz bestreuen oder mit Mandeln belegen. Bei 200 °C im vorgeheizten Ofen 12–15 Minuten backen. Das Käsegebäck herausnehmen und vor dem Servieren auf einem Kuchengitter etwas auskühlen lassen.

Zutaten für etwa 75 Stück

150 g weiche Butter

180 g frisch geriebener Gruyère

1/2 TL Salz

1 TL edelsüßes Paprikapulver

100 ml Sahne

250 g Weizenmehl Type 405

1/2 TL Backpulver

Außerdem:

2 Eigelbe

1 EL Milch

Mohnsamen

Kümmelsamen

gehackte Pistazien

weiße und schwarze Sesamsamen

grobes Salz

geschälte, halbierte Mandeln

Tipp

Am besten schmeckt das Gebäck noch warm zu einem Glas Wein oder Bier. Es lohnt sich, es auf Vorrat herzustellen: Man kann es hervorragend einfrieren und kurz vor dem Verzehr aufbacken. In einer gut verschlossenen Dose hält sich das Gebäck mehrere Tage. So hat man jederzeit etwas für Überraschungsgäste.

Zubereitungszeit: 30 Min.

Ruhezeit: 45–55 Min., Backzeit: 10 Min.

fürs Büfett

Zutaten für 20 Stück
320 g Weizenmehl Type 405
21 g frische Hefe (1/2 Würfel)
1/8 l lauwarme Milch
120 g weiche Butter
1/2 TL Salz
frisch gemahlener Pfeffer
frisch geriebene Muskatnuss

Außerdem:

1 Eigelb, mit etwas Milch verquirlt

grobes Salz

Kümmel

Bierstangen

1 Das Mehl sieben und in die Mitte eine Mulde drücken. Die Hefe hineinbröckeln und mit Milch auflösen. Dabei mit etwas Mehl vom Rand bestauben und zugedeckt 15 Minuten gehen lassen.

2 Butter in Stücken sowie Salz, Pfeffer und Muskatnuss zum Vorteig geben und alles zu einem glatten Teig verkneten. Den Teig zugedeckt 25–30 Minuten gehen lassen, bis sich sein Volumen verdoppelt hat.

3 Den Teig durchkneten und in 20 Stücke von je 30 g teilen. Diese zuerst zu runden Kugeln formen, dann zu dünnen Stangen von etwa 30 cm Länge rollen. Auf ein Backblech legen und nochmals etwas gehen lassen. Mit dem verquirlten Eigelb bestreichen und mit Salz und Kümmel bestreuen.

4 Bei 220 °C im vorgeheizten Ofen etwa 10 Minuten backen. Da die Bierstangen ziemlich dünn sind, sollten Sie ab dem zweiten Drittel der Backzeit immer wieder nachsehen, ob sie schon fertig sind, damit sie nicht zu braun werden.

Tipp

Muskatnüsse, die Samen des immergrünen Muskatnussbaums, werden nach dem Trocknen von der Samenschale (Macis) befreit und so exportiert. Reiben sollte man sie aber erst kurz vor der Verwendung.

Kleine Kümmelkuchen

1 Das Mehl in eine Schüssel sieben und in die Mitte eine Mulde drücken. Die Hefe hineinbröckeln, den Zucker zugeben. Die Milch mit dem Wasser vermischen und etwa 6 EL davon in die Mulde geben. Alle Zutaten der Mulde miteinander verrühren, dabei etwas Mehl vom Rand mit untermischen.

2 Den Ansatz mit Mehl bestauben, die Schüssel mit einem sauberen Tuch bedecken und an einen warmen Ort stellen. Den Teig etwa 15 Minuten gehen lassen, bis die Oberfläche starke Risse zeigt.

3 Das Salz, die restliche Flüssigkeit sowie die Eier zum Vorteig geben und alles zunächst mit einem Rührlöffel verrühren. Mit den Händen kneten, bis ein geschmeidiger Teig entstanden ist. Diesen zu einer Kugel formen und erneut etwa 30 Minuten zugedeckt gehen lassen, bis sich das Teigvolumen verdoppelt hat.

4 Den Teig kurz durchkneten und in 24 Kugeln zu je etwa 50 g formen. Ein Backblech fetten. Die Teigkugeln darauf legen und etwas flach drücken und mit einem runden Löffelstiel Vertiefungen eindrehen.

5 Die Teigstücke mit dem mit Milch verquirlten Eigelb bestreichen, dabei jedoch die Vertiefungen aussparen. Jeweils 1 Butterflöckchen in die Vertiefungen setzen. Je nach Geschmackswunsch mit entsprechend viel Kümmel bestreuen.

6 Die Teigkuchen nochmals 15–20 Minuten gehen lassen und bei 200 °C im vorgeheizten Ofen 20–25 Minuten backen.

Zubereitungszeit: 30 Min., Ruhezeit: 1 Std. 5 Min., Backzeit: 20–25 Min.

Spezialität aus dem Baltikum

Zutaten für 24 Stück
750 g Weizenmehl Type 405
42 g frische Hefe (1 Würfel)
1 TL Zucker
1/8 l lauwarme Milch
1/4 l lauwarmes Wasser
1 1/2 TL Salz
2 Eier

Außerdem:

Fett für das Backblech

1 Eigelb, verquirlt mit 2 EL Milch

120 g Butter, in Flöckchen

ungemahlene Kümmelsamen zum Bestreuen

Zubereitungszeit: 40 Min.

Ruhezeit: 1 Std., Backzeit: 15–20 Min.

fürs Büfett

Zutaten für 20 Stück
500 g Weizenmehl Type 550
2 gehäufte TL Salz
1 gehäufter TL Senfpulver
90 g Cheddar
40 g Frühlingszwiebeln
150 ml lauwarme Milch
150 ml lauwarmes Wasser
35 g frische Hefe
50 g gekochter Schinken

Außerdem:

Butter für das Backblech

1/2 Eigelb

2 EL Milch

30 g Cheddar

Tipp

Die würzigen Brötchen können als Snack zwischendurch oder auch als pikante Begleiter zum Abendessen gereicht werden. Hervorragend geraten sie mit dem etwas gröber ausgemahlenen Weizenmehl Type 550. Den Schinken können Vegetarier auch einfach weglassen.

Cheese Rolls

1 Das Weizenmehl in eine Schüssel sieben und mit dem Salz und dem Senfpulver vermengen.

2 Den Cheddar fein reiben. Die Frühlingszwiebeln putzen und in dünne Ringe schneiden. Beides zum Mehl geben und gut untermischen.

3 Die Milch mit dem Wasser vermischen und die Hefe darin auflösen. Die Hefelösung unter das Mehl-Käse-Gemisch rühren. Alles zu einem geschmeidigen Teig verkneten und diesen zu einer Kugel formen. Die Schüssel mit einem sauberen Tuch abdecken, an einen warmen Ort stellen und den Teig etwa 30 Minuten gehen lassen, bis sich sein Volumen verdoppelt hat.

4 Den Teig erneut durchkneten und halbieren. Die eine Hälfte des Teiges auf einer bemehlten Arbeitsfläche in 10 gleich große Stücke teilen und daraus jeweils runde Brötchen formen. Die Käsebrötchen auf ein gefettetes Backblech setzen.

5 Den gekochten Schinken in kleine Würfel schneiden und unter die andere Teighälfte kneten. Diese ebenfalls in 10 Stücke teilen, runde Brötchen daraus formen und auf das Backblech setzen. Alle Brötchen mit einem Tuch abdecken und nochmals 25–30 Minuten gehen lassen, bis sich ihr Volumen verdoppelt hat.

6 Das Eigelb mit der Milch verquirlen und die Brötchen damit bestreichen. Den Käse zum Bestreuen fein reiben. Die Brötchen bei 200 °C im vorgeheizten Ofen 15–20 Minuten backen. Nach der Hälfte der Backzeit die Brötchen mit dem Käse bestreuen und goldgelb fertig backen.

Zubereitungszeit: 20 Min.

Backzeit: 20 Min.

schnell

Zutaten für 10 Stück
1 Paket TK-Blätterteig (450 g)
500 g Spargel (oder, je nach Saison, Paprikaschoten, Zucchini, Brokkoli oder Pilze)
2 Frühlingszwiebeln
einige Rucola- oder Basilikumblätter
1 EL Öl
Salz
Pfeffer

Außerdem:

Backpapier für das Blech

Gemüsesäckchen

1 Das Backblech mit Backpapier auslegen und den Blätterteig darauf auftauen lassen.

2 Inzwischen den Spargel schälen und die Enden abschneiden. Spargel waschen und in 1 cm dicke Stücke schneiden. Die Frühlingszwiebeln putzen, waschen und in feine Ringe schneiden. Die Rucola- oder Basilikumblätter waschen und fein schneiden. Den Backofen auf 200 °C vorheizen.

3 Die Frühlingszwiebeln mit den Spargelstücken im Öl bei mittlerer Hitze 7 Minuten braten. Rucola- oder Basilikumblätter untermischen und mit Salz und Pfeffer abschmecken.

4 Falls die Blätterteigplatten rechteckig sind, zu Quadraten schneiden. Das Gemüse auf die Teigstücke geben. Alle Teigecken zur Mitte klappen, dann die Enden zusammendrehen, so dass Säckchen entstehen. Die Gemüsesäckchen im Ofen (Mitte, Umluft 180 °C) 20 Minuten backen.

Variante

Mit einem kleinen Salatbouquet werden die Gemüsesäckchen zur Vorspeise. Besonders zu empfehlen: Etwas mehr von der Gemüsefüllung zubereiten, mit Öl, weißem Balsamico-Essig, etwas Salz und Pfeffer als Salat anmachen und noch einige grob geschnittene Rucolablätter untermischen. Den Spargelsalat auf dem Teller mit den Gemüsesäckchen anrichten.

Mini-Pizzen

1 Das Mehl mit Trockenhefe mischen. 3 EL Olivenöl, 1 Prise Salz und 7–8 EL lauwarmes Wasser vermischen, zu dem Mehl geben und schnell zu einem glatten Teig verarbeiten. Den Teig zugedeckt an einem warmen Ort 30 Minuten gehen lassen.

2 Inzwischen 2 EL Olivenöl erhitzen, Oregano und Tomatenstücke dazugeben. Unter Rühren köcheln lassen, bis die Flüssigkeit verdampft ist.

3 Schinken in Streifen schneiden. Mozzarella würfeln, Basilikum waschen und ebenfalls in Streifen schneiden. Alles mit den Tomaten mischen.

4 Den Backofen auf 220 °C vorheizen. Das Backblech mit Backpapier belegen. Den Hefeteig auf bemehlter Arbeitsfläche nochmals durchkneten. Danach in 8 Stücke teilen. Etwas Mehl auf die Arbeitsfläche geben und die Teigstücke zu kleinen Fladen formen. Die Ränder sollten etwas dicker sein. Die Ränder mit Olivenöl einpinseln. Den Belag auf den Pizzen verteilen. Im Ofen (Mitte, Umluft 200 °C) 12–15 Minuten backen, bis sie schön gebräunt sind.

Zubereitungszeit: 25 Min.
Ruhezeit: 30 Min., Backzeit: 15 Min.
schnell, preiswert

Zutaten für 8 Stück
250 g Mehl
1 Päckchen Trockenhefe
5 EL Olivenöl
Salz
1 TL Oregano
1 Päckchen Tomaten in Stücken (Tetrapack, 370 g Inhalt)
100 g gekochter Schinken in Scheiben
250 g Mozzarella
1 Bund Basilikum

Außerdem:

Mehl für die Arbeitsfläche

Backpapier für das Blech

Varianten

Natürlich können Sie die Pizzen auch anders belegen, zum Beispiel mit Tomatenstücken, Salami, Oliven, Gratinkäse **oder** mit Tomatenstücken, Champignons in Scheiben, Kräuterfrischkäse **oder** mit Ananas, Schinken, Crème fraîche mit Kräutern.

Erdnuss-Schnecken

1 Ein Backblech mit Backpapier auslegen. Die Blätterteigplatten nebeneinander darauf legen und auftauen lassen.

2 Backofen auf 200 °C vorheizen. Die Erdnüsse grob hacken. Jede Blätterteigplatte mit 1 EL Schmand oder Crème fraîche bestreichen und die Erdnüsse darauf verteilen. Mit etwas Curry bestreuen und mit Basilikumblättern belegen.

3 Die Blätterteigplatten von der kurzen Seite her aufrollen und jede Platte mit einem scharfen Messer in 7 Schnecken schneiden. Im Backofen (Mitte, Umluft 180 °C) 20 Minuten backen.

Zubereitungszeit: 10 Min.

Backzeit: 20 Min.

schnell, preiswert

Zutaten für 28 Stück

4 rechteckige Scheiben tiefgekühlter Blätterteig (ca. 360 g)

8 EL gesalzene Erdnüsse

4 EL Schmand oder Crème fraîche

Curry

einige Basilikumblätter

Außerdem:

Backpapier fürs Blech

Varianten

Wer's gern feurig mag, mischt etwas fein gehackte Peperoni oder Cayennepfeffer unter die Nüsse. Oder 1 Msp. Currypaste aus dem Asialaden mit Schmand oder Crème fraîche verrühren und dann unter die Nüsse mischen. Aber Scharfes immer sparsam dosieren!

Verwenden Sie statt der Erdnüsse auch mal Mandeln, Hasel- oder Walnüsse. Fein schmecken auch Cashew-, Sonnenblumen- oder Pinienkerne. Bei ungesalzenen Nüssen oder Kernen etwas Salz darüber streuen. Statt Basilikum können Sie fein gehackte Petersilie dazumischen und statt Schmand Schmelzkäse nehmen.

PIKANTES FÜR DIE PARTY

Zubereitungszeit: 1 Std. 15 Min., Ruhezeit: 45–65 Min., Backzeit: 20–25 Min.
Spezialität aus der Türkei

Zutaten für 20 Stück
700 g Weizenmehl Type 550
1 TL Salz
1 TL Zucker
42 g frische Hefe (1 Würfel)
350 ml lauwarme Milch
2 Eier

Für die Käsefüllung:

250 g Schafskäse
2 EL gehackter Dill
1 TL scharfes Paprikapulver

Für die Fleischfüllung:

300 g Rindfleisch aus der Keule
80 g Zwiebeln
2 Knoblauchzehen
60 g hellgrüne türkische Paprika-schoten
1 türkische Peperoni
3 EL Olivenöl
Salz, frisch gemahlener Pfeffer
1 TL edelsüßes Paprikapulver
1/8 l Rinderfond
2 EL grob gehackte Petersilie
100 g grob geriebener Kasar peyniri (in türkischen Lebensmittelgeschäften erhältlich; ersatzweise mittelalter Gouda)

Außerdem:

Öl für das Backblech
2 Eigelbe, verquirlt

Zweierlei gefüllte Fladenbrote

1 Das Mehl in eine Schüssel sieben und mit Salz und Zucker vermischen. Die Hefe in der Milch auflösen und die Eier verschlagen. Alles zum Mehl geben und einen geschmeidigen Teig kneten. Den Teig zugedeckt 30–45 Minuten gehen lassen, bis sich sein Volumen verdoppelt hat.

2 Für die Käsefüllung den Schafskäse mit einer Gabel zerkrümeln. Den Dill und das Paprikapulver untermischen.

3 Für die Fleischfüllung das Fleisch 5 mm groß würfeln. Die Zwiebeln schälen und fein würfeln. Den Knoblauch schälen und mit einem Messerrücken zerdrücken. Fruchtfleisch von Paprika und Peperoni sehr fein würfeln. Das Öl erhitzen, das Fleisch darin anbraten. Zwiebeln und Knoblauch zufügen und glasig schwitzen. Paprika- und Peperoniwürfel untermischen, kurz mitbraten. Mit Salz, Pfeffer und Paprikapulver würzen. Fond angießen und alles 15–20 Minuten schmoren lassen, bis die Flüssigkeit fast verdampft ist. Die Petersilie untermischen. Abkühlen lassen.

4 Den Teig erneut durchkneten und in 20 Stücke von je etwa 60 g teilen. Auf einer leicht bemehlten Arbeitsfläche in etwa 10–12 cm lange, 4–5 mm dicke Ovale ausrollen. Bei 10 Ovalen die Käsefüllung, bei 10 Ovalen die Fleischfüllung in die Mitte setzen, das Fleisch zusätzlich mit dem geriebenen Käse bestreuen. Die Längsseiten des Teiges so über die Füllung zur Mitte hin einschlagen, dass die Füllung als langer Streifen sichtbar bleibt.

5 Die Fladenbrote auf ein gefettetes Backblech legen und 15–20 Minuten gehen lassen. Mit den verquirlten Eigelben bestreichen. Bei 200 °C im vorgeheizten Ofen 20–25 Minuten backen.

Frittierte Kartoffel-bällchen

Zubereitungszeit: 50 Min.

Ruhezeit: 45 Min.

Spezialität aus Kolumbien

1 Die Kartoffeln in der Schale weich kochen. Warm schälen und durch eine Kartoffelpresse in eine Schüssel drücken. Das Mehl darüber sieben, salzen, pfeffern. Die Hefe in der Milch auflösen, zufügen und alles zu einem glatten Teig verkneten. Zugedeckt 30 Minuten gehen lassen.

2 Die Rosinen in wenig lauwarmem Wasser einweichen. Den Käse und die Salami 4 mm groß würfeln. Die Rosinen abtropfen lassen. Zusammen mit den Käse- und Salamiwürfeln unter den Teig kneten. Den Teig zugedeckt 15 Minuten gehen lassen.

3 Das Öl in einer Friteuse oder Pfanne auf 150 °C erhitzen. Mit einem Esslöffel Teigbällchen abstechen, nacheinander in 5–6 Minuten ausbacken.

Zutaten für 15–20 Stück
250 g mehlig kochende Kartoffeln
200 g Weizenmehl Type 405
1/2 TL Salz
frisch gemahlener weißer Pfeffer
21 g frische Hefe (1/2 Würfel)
120 ml lauwarme Milch
20 g Rosinen
100 g gereifter Hartkäse
100 g Salami

Außerdem:

Pflanzenöl zum Ausbacken

Zubereitungszeit: 1 Std., Ruhezeit:
30 Min., Backzeit pro Blech: 30 Min.
etwas schwierig, macht was her

Zutaten für 25 Stück

Für den Teig:

250 g Weizenmehl

1 Ei

3 EL Olivenöl

1 Prise Salz

1 TL Balsamico-Essig

Für die Füllung:

50 g entsteinte schwarze Oliven

250 g griechischer Schafskäse

je 1/2 TL Salz und frisch gemahlener

schwarzer Pfeffer

1 TL getrockneter Oregano

2 EL gehackte Pistazien

1 Eigelb

Außerdem:

100 g flüssige Butter zum Bestreichen

Ausstechformen von 8 cm Ø

1 Bund Schnittlauch

Butter für das Backblech

Gefüllte Teigtaschen

1 Das Mehl in eine Schüssel geben. Das Ei mit 1–2 EL lauwarmem Wasser, dem Öl, dem Salz und dem Essig verquirlen, unter das Mehl mischen und den Teig so lange kneten, bis er nicht mehr klebt. Den Teig zugedeckt 30 Minuten in den Kühlschrank legen.

2 Oliven klein schneiden, den Schafskäse darüber bröckeln, das Salz, den Pfeffer, den zerriebenen Oregano, die Pistazien und das Eigelb untermischen.

3 Das Backblech mit Butter bestreichen. Den Backofen auf 180 °C vorheizen. Den Teig auf einer bemehlten Arbeitsfläche sehr dünn, 80 x 120 cm groß, ausrollen; wenn nötig, den Teig von der Mitte her mit den Handrücken auseinander ziehen.

4 Die Teigplatte mit flüssiger Butter bestreichen. 25 Kreise von 8 cm Durchmesser ausstechen, die Füllung darauf verteilen und die Teigränder über der Füllung wie Beutelchen zusammendrücken.

5 Die Teigbeutel auf das Backblech setzen und auf der mittleren Schiene 30 Minuten backen; während dieser Zeit mehrmals mit der restlichen Butter bestreichen.

6 Den Schnittlauch waschen und trockenschleudern; die abgekühlten Teigbeutelchen mit je 1 Schnittlauchstängel umbinden.

Zubereitungszeit: 40 Min., Ruhezeit:
1 Std. 20 Min., Backzeit: 25–30 Min.
herzhaft, fürs Büfett

Für den Teig:

500 g Weizenmehl Type 405

30 g frische Hefe

1/4 l lauwarme Milch

50 g Butter

1 TL Salz

1 Ei

Für die Füllung:

250 g durchwachsener Räucherspeck,
gewürfelt

100 g gehackte Zwiebeln

1 gehackte Knoblauchzehe

2 EL gehackte Kräuter (Petersilie und
Schnittlauch)

Außerdem:

1 Springform von 30 cm Ø

Butter für die Form

1 Eigelb zum Bestreichen

Variante

Statt des Räucherspecks kann
man für die Füllung auch
gekochten Schinken verwenden.

Zwiebelschnecken

1 Mehl sieben und in die Mitte eine Mulde drücken.
Hefe hineinbröckeln und mit Milch auflösen; dabei
mit etwas Mehl vom Rand bestauben. Zugedeckt etwa
15 Minuten gehen lassen. Butter in Stücken, Salz und
verschlagenes Ei zum Vorteig geben; alles zu einem
glatten Teig verkneten. Diesen zugedeckt 45 Minuten
gehen lassen, bis sich sein Volumen verdoppelt hat.

2 Speck für die Füllung auslassen, Zwiebeln und
Knoblauch darin etwa 5 Minuten anschwitzen.
Die Kräuter unterrühren. Abkühlen lassen.

3 Teig zu einer 50 x 40 cm großen Platte ausrollen;
einige Minuten ruhen lassen. Längs durchschnei-
den, so dass 2 Platten à 50 x 20 cm entstehen. Zwiebel-
mischung darauf verteilen. Jeden Teigstreifen von der
Längsseite her aufrollen und in etwa 4 cm dicke Scheiben schneiden. Diese mit der Schnittfläche nach oben
in die gebutterte Form stellen. Schnecken 15–20 Minuten gehen lassen, sie sollen stark an Volumen zuneh-
men. Mit verquirltem Eigelb bestreichen. Bei 200 °C im
vorgeheizten Ofen 25–30 Minuten backen.

Würstchen-Käse-Schnecken

1 Das Mehl sieben und in die Mitte eine Mulde drücken. Die Hefe hineinbröckeln und mit Milch auflösen. Dabei mit etwas Mehl vom Rand bestauben und zugedeckt 15 Minuten gehen lassen.

2 Butter in Stücken sowie Zucker, Salz, verrührte Eier und Zitronenschale zum Vorteig geben und alles zu einem glatten Teig verkneten. Den Teig zu einer Kugel formen und zugedeckt bei Zimmertemperatur 70–90 Minuten gehen lassen.

3 Für die Füllung den Käse fein reiben. Die Form ausfetten und mit Semmelbröseln ausstreuen. Den Teig zu einer 50 x 30 cm großen Platte von 1/2 cm Stärke ausrollen, mit dem Käse bestreuen und längs halbieren. Auf jede Teighälfte 3 Würstchen in einer Reihe der Länge nach auflegen. Die Teigstreifen mit den Würstchen aufrollen und die Rollen in 5 cm lange Stücke schneiden. Diese jeweils im Abstand von 1 cm aufrecht in die Form stellen. Zugedeckt 20 Minuten gehen lassen.

4 Die Schnecken bei 200 °C im vorgeheizten Ofen 20 Minuten backen. Mit doppelter Alufolie abdecken; weitere 10 Minuten backen. Aus dem Ofen nehmen, etwas abkühlen lassen und noch warm servieren.

Zubereitungszeit: 30 Min.
Ruhezeit: 2 Std., Backzeit: 30 Min.
für die große Runde

Zutaten für etwa 20 Stück

Für den Teig:

500 g Weizenmehl Type 405

30 g frische Hefe

1/4 l lauwarme Milch

60 g Butter

20 g Zucker

1 TL Salz

2 Eier

abgeriebene Schale von 1/2 unbehandelten Zitrone

Für die Füllung:

100 g Emmentaler

6 Wiener Würstchen

Außerdem:

1 Springform von 30 cm Ø

Butter und Semmelbrösel für die Form

Tipp

Lösen Sie die zusammengebackenen Schnecken als Ganzes aus der Springform und servieren Sie sie wie Partybrötchen. So kann sich jeder Gast bei Bedarf eine Schnecke abreißen. Auf diese Weise hält sich das Gebäck außerdem länger warm.

Zubereitungszeit: 40 Min.

Ruhezeit: 1 Std., Backzeit: 30–35 Min.

für Gäste

Zutaten für 6 Stück

Für den Teig:

250 g Weizenmehl Type 405

125 g kalte Butter

1 Ei

1/2 TL Salz

Für den Gemüsebelag:

60 g Möhren

40 g Stangensellerie

60 g Frühlingszwiebeln

100 g Brokkoliröschen

120 g Erbsen (ausgepalt etwa 40 g)

Salz

Für den Käse-Sahne-Guss:

100 ml Sahne

3 Eigelbe

100 g frisch geriebener Hartkäse,
etwa reifer Gouda

2 EL gehackte Petersilie

Salz

frisch gemahlener weißer Pfeffer

3 Eiweiße

Außerdem:

6 Förmchen von je 12 cm Ø

Backpapier und Hülsenfrüchte
zum Blindbacken

Gemüsetörtchen mit Käsekruste

1 Das Mehl auf eine Arbeitsfläche sieben und in die Mitte eine Mulde drücken. Die Butter in Stücken, das Ei, das Salz und 1–2 EL Wasser hineingeben. Die Zutaten in der Mulde zunächst mit einer Gabel zerdrücken, mit einem Messer oder einer Palette zusammenhacken und dann mit den Händen rasch zu einem geschmeidigen Teig kneten; der Teig darf nicht zu warm werden. Bei Bedarf noch ein wenig Wasser zugeben. Den Teig zu einer Kugel formen, in Folie wickeln und im Kühlschrank 1 Stunde ruhen lassen.

2 Den Teig auf einer leicht bemehlten Arbeitsfläche ausrollen. Mit einem Förmchen sechsmal den Durchmesser markieren, die Teigstücke etwas größer ausschneiden und die Förmchen damit auslegen. Den Teig mit den Fingern oder mit einer Teigkugel an den Rand der Förmchen drücken; eventuell überstehende Ränder abschneiden. Den Teig mit Backpapier bedecken und mit Hülsenfrüchten beschweren. Bei 200 °C im vorgeheizten Ofen etwa 10 Minuten blindbacken. Herausnehmen, Papier und Hülsenfrüchte entfernen.

3 Für den Belag das Gemüse putzen. Möhren in kleine Würfel, Stangensellerie in feine Scheiben und Frühlingszwiebeln in Ringe schneiden. Salzwasser aufkochen und das gesamte Gemüse darin blanchieren, abgießen und abtropfen lassen.

4 Für den Guss Sahne, Eigelbe, Käse und Petersilie verrühren, salzen und pfeffern. Das Gemüse untermischen. Eiweiß mit 1 Prise Salz zu steifem Schnee schlagen und unter die Gemüsemasse heben.

5 Den Gemüsebelag auf den Teigböden verteilen und die Törtchen bei 200 °C im vorgeheizten Ofen 20–25 Minuten backen.

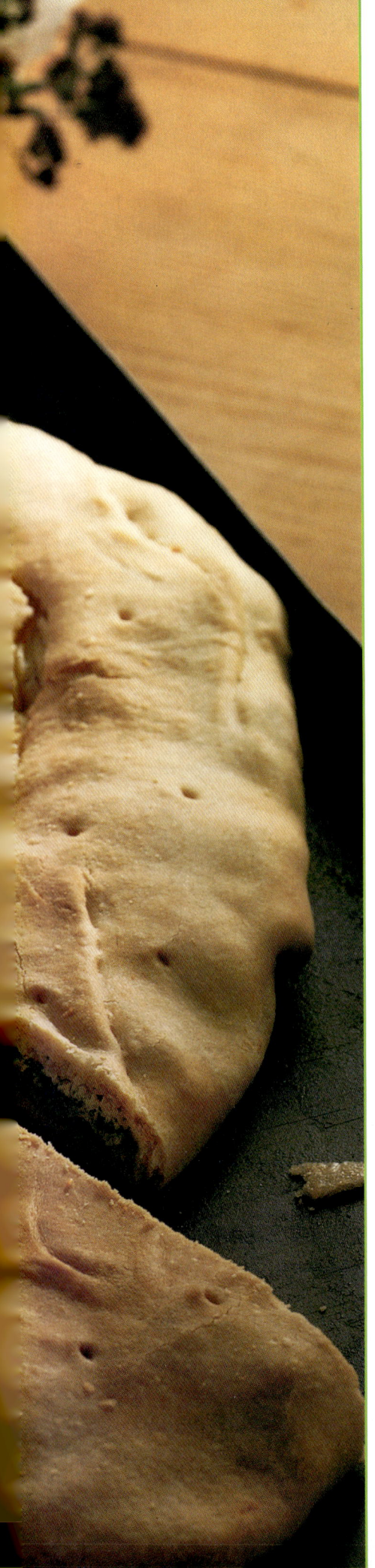

Raffinierte Brote – gefüllt und belegt

Mit Fleisch, Fisch oder Gemüse

Wem Pizza und Flammkuchen schmecken, der wird auch von den Brotideen in diesem Kapitel begeistert sein. Belegt oder gefüllt wird der Teig mit Paprika, Mangold, Schinken, Gemüse und Sardinen – da bleiben keine Wünsche offen! Brote, Fladen, Focaccia und Sfincione lassen sich gut vorbereiten und eignen sich ausgezeichnet als nicht alltägliches Hauptgericht oder, entsprechend portioniert, als feine Vorspeise. Vielleicht sind Sie auch auf eine Party eingeladen und sollen etwas zum Büfett beisteuern? Dann bringen Sie doch einfach ein vorbereitetes gefülltes Brot oder würzig-pikante Fladen mit. Die müssen beim Gastgeber nur noch in den Ofen geschoben werden und kommen dann ganz frisch auf den Tisch!

Zubereitungszeit: 45 Min.

Ruhezeit: 1 Std., Backzeit: 20 Min.

Spezialität aus Spanien

Zutaten für 1 Brot

Für den Teig:

500 g Weizenmehl Type 405

21 g frische Hefe (1/2 Würfel)

1 Prise Zucker

100 ml lauwarmes Wasser

150 ml frisch gepresster Orangensaft

1 Ei, 50 g weiches Schweineschmalz

1/4 TL abgeriebene Schale von 1 unbe-

handelten Orange

1 TL Salz

Für den Belag:

1 kg rote Paprikaschoten

3 Knoblauchzehen

Salz, frisch gemahlener Pfeffer

100 g schwarze Oliven

80 ml Olivenöl

Außerdem:

1 Backblech von 35 x 43 cm

weiches Schweineschmalz für das

Blech

Info

Die Gemüsepaprika gehört wie
die Chilischote zur Gattung
Capsicum. Der Paprikaschote
wurde durch Züchtung die
Schärfe genommen, die für alle
Paprikasorten typisch ist.

Paprikabrot

1 Das Mehl sieben und in die Mitte eine Mulde drücken. Die Hefe mit dem Zucker hineingeben und im Wasser auflösen. Mit etwas Mehl vom Rand bestauben und zugedeckt 15 Minuten gehen lassen.

2 Den Orangensaft durch ein Sieb gießen und erwärmen. Ei und Schmalz verkneten. Mit Orangensaft und -schale sowie dem Salz zum Vorteig geben und alles zu einem glatten Teig verkneten. An einem warmen Ort etwa 45 Minuten gehen lassen, bis sich sein Volumen verdoppelt hat.

3 Die Paprikaschoten bei 220 °C im vorgeheizten Ofen backen, bis die Haut Blasen wirft. Herausnehmen, in eine Plastiktüte legen und „schwitzen" lassen. Die Haut abziehen. Stielansätze und Samen entfernen, das Fruchtfleisch in 1/2 cm dicke Scheiben schneiden. Knoblauch schälen, in Scheiben schneiden.

4 Das Backblech mit Schmalz ausstreichen. Den Teig auf einer bemehlten Arbeitsfläche ausrollen und auf das Blech legen. Paprikastücke leicht überlappend auf dem Teig anordnen, die Knoblauchscheiben dazwischen verteilen. Salzen und pfeffern. Das Paprikabrot bei 200 °C im vorgeheizten Ofen 15 Minuten backen. Dann die Oliven auflegen und alles weitere 5 Minuten backen. Das Brot herausnehmen, mit dem Olivenöl beträufeln und noch warm servieren.

Scharfe Tomaten-Paprika-Fladen

1 Das Mehl sieben. Die Kartoffeln durch eine Kartoffelpresse dazudrücken und eine Mulde formen. Die Hefe hineinbröckeln, mit der Milch auflösen und etwas Mehl vom Rand untermischen. Den Ansatz mit Mehl bestauben und zugedeckt etwa 15 Minuten gehen lassen, bis die Oberfläche Risse zeigt.

2 Salz zum Vorteig geben und alles zu einem glatten Teig verkneten, nach Bedarf noch Milch zufügen. Den Teig zu einer Kugel formen und etwa 45 Minuten gehen lassen, bis sich sein Volumen verdoppelt hat.

3 Die Tomaten häuten, putzen und vom Stielansatz befreien, das Fruchtfleisch grob zerkleinern. Von der Chilischote Stielansatz, Samen und Scheidewände entfernen. Die Schote zusammen mit den Tomaten im Mixer fein pürieren, mit Salz und Paprikapulver würzen. Die Paprikaschoten von Stielansatz, Samen und Scheidewänden befreien; das Fruchtfleisch in 1/2 cm große Würfel schneiden.

4 Den Kartoffelteig halbieren und zu 2 Fladen von je 26 cm Durchmesser ausrollen. Diese 2 cm breit einschlagen; die Fladen umgedreht auf ein bemehltes Backblech legen und jeweils einen Rand formen.

5 Die Fladen mit der Sauce bestreichen; dabei den Rand frei lassen. Bei 200 °C im vorgeheizten Ofen 10 Minuten backen. Herausnehmen und in die Mitte je 4 Scheiben Speck legen. Weitere 5 Minuten backen, mit Käse sowie Epazote bestreuen, mit Öl beträufeln und in 8–10 Minuten fertig backen.

Zubereitungszeit: 40 Min.
Ruhezeit: 1 Std., Backzeit: 25 Min.
Spezialität aus Kolumbien

Zutaten für 2 Fladen

Für den Teig:

300 g Weizenmehl Type 405

150 g geschälte, gekochte Kartoffeln

21 g frische Hefe (1/2 Würfel)

120 ml lauwarme Milch

1/2 TL Salz

Für die Tomatensauce:

450 g reife Tomaten

1/2 Lampionchili (4 g), Salz

1 TL edelsüßes Paprikapulver

180 g rote Paprikaschoten

Außerdem:

8 dünne Scheiben roh geräucherter Speck

50 g frisch geriebener Monterey Jack

8 Blättchen Epazote (ersatzweise Zitronenbasilikum)

1 EL natives Olivenöl extra

Info

Die Paprika-Tomaten-Fladen erhalten ihren speziellen Pfiff durch das zarte Zitrusaroma von Epazote, einem Gewürzkraut, das vorwiegend in Mittelamerika kultiviert wird, und vom amerikanischen „Pizzakäse" Monterey Jack.

Kümmelfladen

Zubereitungszeit: 35 Min., Ruhezeit: 1 Std. 15 Min., Backzeit: 15–20 Min.

Spezialität aus Polen

1 Beide Mehlsorten in eine Schüssel sieben und in die Mitte eine Mulde drücken. Die Hefe hineinbröckeln und mit der Milch auflösen, dabei etwas Mehl vom Rand mit unterarbeiten. Den Ansatz mit Mehl bestauben. Die Schüssel mit einem Tuch abdecken. Den Vorteig an einem warmen, zugfreien Ort etwa 15 Minuten gehen lassen, bis die Oberfläche Risse zeigt.

2 Das Salz zum Vorteig geben und alle Zutaten miteinander zu einem glatten Teig verarbeiten. Den Teig zu einer Kugel formen, in die Schüssel legen und zugedeckt 30 Minuten gehen lassen. Den Teig erneut durchkneten und weitere 30 Minuten gehen lassen.

3 Den Teig durchkneten und zu einer Rolle formen. In 6 gleich große Stücke teilen und jedes Stück auf einer bemehlten Arbeitsfläche zu daumendicken Fladen von etwa 20 cm ausrollen. Die Fladen auf gefettete Backbleche legen und die Oberflächen mit einer Gabel einstechen.

4 Für den Belag die saure Sahne mit den Eiern verrühren. Mit Salz und Paprikapulver würzen. Die Kümmelsamen und die Schnittlauchröllchen untermischen. Die Masse auf die Fladen verteilen und verstreichen, dabei jeweils ringsum einen kleinen Rand frei lassen.

5 Die Fladen bei 200 °C im vorgeheizten Ofen 15–20 Minuten backen. Herausnehmen, etwas abkühlen lassen und servieren.

Zutaten für 6 Stück

Für den Teig:

400 g Weizenmehl Type 405

100 g Roggenmehl Type 997

30 g frische Hefe

1/4 l lauwarme Milch

1 TL Salz

Für den Belag:

1/4 l saure Sahne (10 % Fett)

2 Eier

1/2 TL Salz

2 Msp. edelsüßes Paprikapulver

3 TL Kümmelsamen

3 EL Schnittlauchröllchen

Außerdem:

Mehl zum Ausrollen

Fett für das Blech

Info

Das Aroma von Kümmel wird vor allem in Mittel- und Osteuropa sehr geschätzt. Die unscheinbaren Samen können aber noch mehr als würzen: Sie wirken appetitanregend und magenberuhigend.

Zubereitungszeit: 20 Min., Ruhezeit:
1 Std. 15 Min., Backzeit: 20 Min.
Spezialität aus Ligurien

Zutaten für 2 Fladen
1 kg Weizenmehl Type 405
42 g frische Hefe (1 Würfel)
1/2 l lauwarmes Wasser
4 EL Olivenöl
2 TL Salz

Außerdem:

Öl und Mehl für die Backbleche
100 ml natives Olivenöl extra
grobes Meersalz
etwa 50 kleine schwarze Oliven

Tipps

Die Focaccia sollte man noch
ofenwarm reichen, etwa zum
Aperitif. Wenn's rustikal zugeht,
darf sich jeder sein Stück selbst
abbrechen. Ansonsten schneidet man die Fladen zum Servieren in Stücke.
Wichtig ist die Qualität des Oli-
venöls. Sehr gut eignen sich die
milden und zugleich fruchtigen
Öle Liguriens.

Focaccia mit Olivenöl

1 Das Mehl in eine Schüssel sieben, in die Mitte eine Mulde drücken. Die Hefe hineinbröckeln, mit dem Wasser auflösen und dabei etwas Mehl vom Rand mit untermischen. Den Ansatz mit Mehl bestauben. Die Schüssel mit einem Tuch abdecken. Den Teig an einem warmen, zugfreien Ort etwa 15 Minuten gehen lassen, bis die Oberfläche Risse zeigt.

2 Das Öl und das Salz mit dem Vorteig zu einem glatten Teig verkneten. Zu einer Kugel formen, in eine Schüssel legen und den Teig zugedeckt weitere 45 Minuten gehen lassen, bis er das Doppelte seines Volumens erreicht hat.

3 Den Teig durchkneten und halbieren. Auf einer bemehlten Arbeitsfläche 2 rechteckige Fladen von etwa 30 x 40 cm ausrollen. Die Fladen auf gefettete, leicht bemehlte Backbleche legen und zugedeckt etwa 15 Minuten an einem warmen Ort gehen lassen.

4 In jeden Fladen mit Zeige- und Mittelfinger Ver- tiefungen in gleichmäßigem Abstand zueinander eindrücken. Pro Fladen insgesamt 50 ml Olivenöl in die Vertiefungen verteilen. Der Teig nimmt das Öl nicht vollständig auf, aber gerade dadurch bleibt der Fladen schön saftig. Eines der Fladenbrote zusätzlich mit grobem Salz bestreuen, bei dem anderen 1 Olive in jede Vertiefung legen.

5 Die Fladen bei 200 °C im vorgeheizten Ofen etwa 20 Minuten backen. Herausholen und auf einem Kuchengitter abkühlen lassen.

Focaccia mit Pecorino und Schinken

1 Das Mehl in eine Schüssel sieben und in die Mitte eine Mulde drücken. Die Hefe hineinbröckeln, mit etwas Milch auflösen und dabei etwas Mehl vom Rand her mit untermischen. Den Ansatz mit Mehl bestauben. Die Schüssel mit einem Tuch abdecken und den Teig an einem warmen, zugfreien Ort gehen lassen, bis die Oberfläche Risse zeigt; das dauert etwa 15 Minuten.

2 Die restliche Milch, die Butter, die Eier und das Salz zum Vorteig geben, alles zu einem glatten Teig verkneten. Diesen zu einer Kugel formen, mit Mehl bestauben, in eine Schüssel legen und zugedeckt an einem nicht zu warmen Ort etwa 2 Stunden gehen lassen.

3 Den Käse und den Schinken in 5 mm große Würfel schneiden. Den Teig erneut durchkneten und dabei die Käse- und Schinkenwürfel mit einarbeiten; falls man die Oberfläche der Fladen später bestreuen möchte, einen Teil davon zurückbehalten. Den Teig halbieren und auf einer bemehlten Arbeitsfläche 2 rechteckige Fladen von etwa 20 x 30 cm Größe und 2 cm Dicke ausrollen. Die Fladen auf gefettete, leicht bemehlte Backbleche legen und zugedeckt etwa 30 Minuten gehen lassen, bis sich ihr Volumen deutlich vergrößert hat.

4 Die Fladen mit Olivenöl bestreichen und bei 200 °C im vorgeheizten Ofen 30–35 Minuten backen. Falls gewünscht, nach der Hälfte der Backzeit die restlichen Käse- und Schinkenwürfel über die Fladen streuen. Aus dem Ofen nehmen und auf einem Kuchengitter auskühlen lassen.

Zubereitungszeit: 25 Min., Ruhezeit: 2 Std. 45 Min., Backzeit: 30–35 Min. Spezialität aus Italien

Zutaten für 2 Fladen
550 g Weizenmehl Type 550
25 g frische Hefe
200 ml lauwarme Milch
100 g weiche Butter
2 kleine Eier
1/2 TL Salz

Außerdem:

150 g mittelalter Pecorino

200 g luftgetrockneter italienischer Schinken

etwas Olivenöl und Mehl für das Blech

Tipp

Welchen Schinken und welchen Pecorino man wählt, bleibt dem eigenen Geschmack und Geldbeutel überlassen. Beim Pecorino, dem Hartkäse aus Schafmilch, der in ganz Mittel- und Süditalien hergestellt wird, entscheidet man sich am besten für einen mittelalten, der in Italien „semifresco" genannt wird. Sein Teig ist noch nicht so krümelig wie bei lange gereiftem Käse, so dass er beim Backen sanft schmelzen kann.

Zubereitungszeit: 45 Min., Ruhezeit:
1 Std. 15 Min., Backzeit: 20–25 Min.
mediterran

Focaccia mit Sardinen

Zutaten für 2 Fladen

Für den Teig:

650 g Weizenmehl Type 550

42 g frische Hefe (1 Würfel)

1 EL Zucker

400 ml lauwarmes Wasser

4 EL Olivenöl

1 EL Salz

Für den Belag:

600 g Sardinen

150 g Zwiebeln

3 Knoblauchzehen

grobes Meersalz

frisch gemahlener Pfeffer

1 EL gehackte Petersilie

2 EL Olivenöl

Außerdem:

Öl für die Bleche

Variante

Wer mag, kann diese Focaccia auch in runder „Pizza-Form" backen: Einfach Pie-Formen mit dem Teig auslegen und den Belag darauf verteilen. Besonders attraktiv wird's, wenn man die Fische sternförmig auf dem Teig anordnet.

1 Das Mehl in eine Schüssel sieben und in die Mitte eine Mulde drücken. Die Hefe hineinbröckeln, den Zucker zufügen und mit etwas Wasser auflösen, dabei etwas Mehl vom Rand mit untermischen. Den Ansatz mit Mehl bestauben und zugedeckt etwa 15 Minuten an einem warmen, zugfreien Ort gehen lassen, bis die Oberfläche Risse zeigt.

2 Das restliche Wasser, das Öl und das Salz zum Vorteig geben und alles zu einem geschmeidigen Teig verkneten. Sollte er kleben, noch ein wenig Mehl unterkneten. Den Teig zu einer Kugel formen, mit etwas Mehl bestauben und zugedeckt erneut 30 Minuten gehen lassen, bis er das Doppelte seines Volumens erreicht hat.

3 Für den Belag die Sardinen filetieren. Dazu alle Flossen sowie die Köpfe der Fische entfernen. Jede Sardine mit einem kleinen, scharfen Messer vorsichtig auf der Bauchseite aufschneiden. Jeweils das Rückgrat, die so genannte Mittelgräte, rechts und links mit dem Daumen freilegen, ohne dabei die Filets zu verletzen, und die Gräte vorsichtig herausziehen. Die beiden zusammenhängenden Filets unter fließendem kaltem Wasser gründlich waschen und sorgfältig trockentupfen. Die Zwiebeln schälen, halbieren und in dünne Spalten schneiden. Die Knoblauchzehen schälen und fein hacken.

4 Den Teig durchkneten, halbieren und auf einer bemehlten Arbeitsfläche zu 2 Rechtecken von je 25 x 40 cm ausrollen. Die Teigplatten auf eingeölte Backbleche legen und mehrmals mit einer Gabel einstechen. Mit Sardinen, Zwiebeln und Knoblauch belegen. (Die Sardinen mit der Fleischseite nach unten auf den Teig legen, damit sie beim Backen nicht austrocknen.) Salz, Pfeffer und Petersilie darüber streuen und Olivenöl darüber träufeln. Die Fladen weitere 30 Minuten gehen lassen und bei 200 °C im vorgeheizten Ofen 20–25 Minuten backen.

Zubereitungszeit: 40 Min.

Ruhezeit: 1 Std., Backzeit: 25 Min.

für Gäste

Zutaten für 1 Brot

Für den Teig:

250 g Weizenmehl Type 405

10 g frische Hefe

1/2 Prise Zucker

75 ml frisch gepresster Orangensaft

1 Eigelb

25 g weiches Schweineschmalz

1 Msp. abgeriebene Schale von 1 unbehandelten Zitrone

1/2 TL Salz

Für den Belag:

250 g Hähnchenfleisch ohne Knochen (Brust, Keule)

Salz, frisch gemahlener Pfeffer

5 EL Olivenöl

80 g Aubergine

150 g Zucchini

70 g Zwiebeln

1 rote Chilischote (ohne Samen)

2 Knoblauchzehen

40 g schwarze Oliven

Außerdem:

1 Pieform von 28 cm Ø

Öl für die Form

Mehl zum Bestauben

1 EL gehackte Petersilie zum Bestreuen

Brot mit Huhn und Gemüse

1 Das Mehl sieben; in die Mitte eine Mulde drücken. Hefe und Zucker hineingeben und in 5 EL lauwarmem Wasser auflösen. Mit etwas Mehl vom Rand bestauben und zugedeckt 15 Minuten gehen lassen.

2 Den Orangensaft durch ein Sieb gießen und erwärmen. Eigelb und Schmalz verkneten. Mit Orangensaft und Zitronenschale sowie dem Salz zum Vorteig geben und alles zu einem glatten Teig verkneten. An einem warmen Ort weitere 45 Minuten gehen lassen, bis sich sein Volumen verdoppelt hat.

3 Das Hähnchenfleisch würzen. In 2 EL erhitztem Öl von jeder Seite 1–2 Minuten anbraten, in Scheiben schneiden. Das Gemüse putzen. Aubergine längs halbieren und quer in etwa 2 mm dicke Scheiben schneiden. Zucchini längs in 2 mm dicke Scheiben, Zwiebeln und Chilischote in dünne Ringe schneiden.

4 Den Teig ausrollen und in die mit Öl gefettete Form geben. Einen kleinen Rand formen und mit etwas Mehl bestauben. Mit Huhn und Gemüse belegen. Knoblauch fein hacken, mit dem restlichen Öl vermischt auf dem Brot verteilen. 20 Minuten bei 200 °C backen, dann die Oliven auflegen; weitere 5 Minuten backen. Aus dem Ofen nehmen und mit Petersilie bestreuen.

Gefülltes Brot

1 Den Grieß und alle Mehlsorten miteinander vermischen, in die Mitte eine Mulde drücken. Die Hefe hineinbröckeln, mit 100 ml Wasser auflösen, dabei etwas Mehl vom Rand untermischen. Mit Mehl bestauben und zugedeckt etwa 15 Minuten gehen lassen, bis die Oberfläche Risse zeigt. Den Sirup in dem restlichen Wasser auflösen und mit Salz sowie Öl zum Vorteig geben. Alles zu einem elastischen Teig verarbeiten. Zugedeckt etwa 1 Stunde gehen lassen.

2 Die Paprikaschoten bei 220 °C im vorgeheizten Ofen backen, bis die Haut Blasen wirft. Herausnehmen, in einer Plastiktüte „schwitzen" lassen. Die Haut abziehen. Stielansätze, Samen und Scheidewände entfernen, das Fruchtfleisch sehr klein würfeln. Den Endiviensalat putzen, und grob hacken. Blanchieren, abtropfen und auskühlen lassen.

3 Zwiebeln und Knoblauch schälen, fein hacken. Das Öl erhitzen, Zwiebeln und Knoblauch darin goldgelb anbraten. Die Paprikawürfel 5 Minuten mitschwitzen. Die Endivie noch 1 Minute mitgaren. Salzen, pfeffern und abkühlen lassen. Die Oliven entsteinen und klein schneiden. Den Feta zerbröckeln und mit den Kräutern unter das Gemüse heben.

4 Den Teig halbieren. Je einen Fladen von 35 und 30 cm Durchmesser ausrollen. Die Füllung auf dem größeren Fladen verteilen, dabei 4 cm Rand frei lassen. Den kleineren Teigfladen so auf die Füllung legen, dass er diese völlig bedeckt. Das Eigelb mit 1 EL Wasser verquirlen und den Teigrand damit bestreichen. Den Teigrand leicht gefältelt auf die obere Teigplatte klappen. Etwas andrücken.

5 Ein Backblech fetten und mit Mehl bestauben. Das Brot umgedreht darauf legen, zugedeckt 1 Stunde gehen lassen. Die Oberfläche mehrfach einstechen und mit Weizenschrot bestreuen. Das Brot bei 225 °C im vorgeheizten Ofen 10 Minuten backen, dann die Hitze auf 200 °C zurückschalten und in weiteren 25–30 Minuten fertig backen.

Zubereitungszeit: 55 Min., Ruhezeit: 2 Std. 15 Min., Backzeit: 35–40 Min. mediterran, fürs Büfett

Zutaten für 1 Brot

Für den Teig:

375 g Weizenvollkorngrieß, fein gemahlen

75 g Weizenmehl Type 1050

je 25 g Gerste, Hafer und Roggen, fein gemahlen

25 g frische Hefe

etwa 320 ml lauwarmes Wasser

1 TL Zuckerrübensirup (etwa 10 g)

1 TL Salz

25 ml Olivenöl

Für die Füllung:

450 g grüne Spitzpaprikaschoten

200 g Endiviensalat (oder grünes Blattgemüse nach Wahl)

150 g Zwiebeln

2 Knoblauchzehen

3 EL Olivenöl

Salz, frisch gemahlener Pfeffer

100 g Kalamata-Oliven

150 g Feta

2 EL gehackte Petersilie

1 EL gehackter Dill

1/2 EL gehackte Pfefferminze

Außerdem:

1 Eigelb

Öl und Mehl für das Blech

1 EL Weizenschrot

Brot mit roten Zwiebeln und Lauchbrot mit Schmand

Zubereitungszeit: 50 Min., Ruhezeit:
1 Std. 15 Min., Backzeit: 2 x 20 Min.
für die große Runde

Zutaten für 2 Brote

Für den Teig:

1 kg Weizenmehl Type 405

42 g frische Hefe (1 Würfel)

etwa 1/2 l lauwarmes Wasser

1 TL Zucker

1 1/2 TL Salz

frisch gemahlener Pfeffer

1 Ei, 1 EL weiches Schweineschmalz

3 EL Olivenöl

Für das Brot mit roten Zwiebeln:

150 g rote Zwiebeln

1 Eiweiß, mit etwas Wasser verrührt

grobes Meersalz

grob gemahlener schwarzer Pfeffer

Für das Lauchbrot mit Schmand:

150 g roh geräucherter, durchwachsener Speck

350 g Lauch (nur der helle Teil)

2 EL Pflanzenöl

grobes Meersalz

grob gemahlener schwarzer Pfeffer

1/4 l Schmand (saure Sahne)

Außerdem:

Öl für die Backbleche

1 Das Mehl in eine Schüssel sieben, in die Mitte eine Mulde drücken. Die Hefe hineinbröckeln und mit ein wenig Wasser auflösen. Mit dem restlichen Wasser, dem Zucker, Salz, etwas Pfeffer, Ei, Schmalz und Olivenöl zu einem glatten Teig verarbeiten. Diesen zugedeckt etwa 45 Minuten gehen lassen, bis er sein Volumen verdoppelt hat.

2 Den Teig erneut durchkneten, halbieren und auf einer bemehlten Arbeitsfläche in der Größe der Backbleche ausrollen. Die Backbleche leicht einfetten und die Teigplatten auflegen.

3 Für das Brot mit roten Zwiebeln diese schälen und in dünne Scheiben schneiden. Die Teigplatte mit etwas verquirltem Eiweiß bestreichen und die Zwiebelscheiben nebeneinander darauf legen. Mit dem restlichen Eiweiß bestreichen und mit Salz und Pfeffer bestreuen. Den Teig zugedeckt 15 Minuten gehen lassen. Dann das Brot bei 200 °C im vorgeheizten Ofen 20 Minuten backen.

4 Für das Lauchbrot den Speck klein würfeln. Lauch putzen, waschen, abtropfen lassen und schräg in etwa 3 mm dicke Scheiben schneiden. Das Öl in einer Pfanne erhitzen, den Speck darin kurz anbraten. Den Lauch 2–3 Minuten mitschwitzen, abkühlen lassen. Die Teigplatte mit einer Gabel mehrmals einstechen. Lauch und Speck gleichmäßig darauf verteilen, mit Salz und Pfeffer würzen. Zugedeckt 15 Minuten gehen lassen. Bei 200 °C im vorgeheizten Ofen 10 Minuten backen. Den Schmand in Klecksen darauf setzen und das Brot in weiteren 10 Minuten fertig backen.

Zubereitungszeit: 45 Min., Ruhezeit: 40 Min., Backzeit pro Blech: 25–30 Min.
Spezialität aus Sizilien

Zutaten für 4 Fladen:

Für den Teig:

500 g Weizenmehl Type 405

30 g frische Hefe

1/4 l lauwarme Milch

1 Ei, 1/2 TL Salz

Für den Belag:

1 kg Tomaten

3 Knoblauchzehen

150 g Zwiebeln

1 TL Salz, 4 EL Olivenöl

20 schwarze Oliven

200 g Caciocavallo

1 TL Oreganoblättchen

Außerdem:

Olivenöl für das Blech

Variante

Man kann Sfincione auch am Stück backen: Den ausgerollten Teig aufs geölte Blech legen und mit einer Gabel mehrmals einstechen. Belag darauf verteilen, eventuell frische, grob zerzupfte Pfefferminzblättchen und etwas Basilikum aufstreuen. 40 g Oliven und 250 g Käse verwenden. Bei 220 °C im vorgeheizten Ofen 20–25 Minuten backen.

Sizilianische Pizza: Sfincione

1 Das Mehl in eine Schüssel sieben und in die Mitte eine Mulde drücken. Die Hefe in der Milch auflösen, in die Mulde gießen. Mit Ei und Salz zu einem lockeren Teig schlagen. Zur Kugel formen und zugedeckt etwa 40 Minuten gehen lassen.

2 Für den Belag die Tomaten blanchieren, häuten, Stielansatz und Samen entfernen. Das Fruchtfleisch in kleine Stücke schneiden. Knoblauch und Zwiebeln schälen, fein hacken und mit Tomaten, Salz und 2 EL Öl mischen.

3 Den Teig durchkneten und vierteln. 4 dicke Fladen mit breiten Rändern daraus formen. Zwei Backbleche mit Öl einfetten und die Fladen darauf legen. Die Tomatenmischung auf den Teigstücken verteilen. Die Oliven halbieren und entsteinen, den Käse in etwa 1 cm große Würfel schneiden. Oliven, Käse und Oregano auf die Tomaten streuen. Das restliche Öl darüber träufeln und die Fladen nacheinander bei 200 °C im vorgeheizten Ofen 25–30 Minuten backen.

Pikanter Kartoffelkuchen

1 Die Zwiebeln schälen und klein würfeln. Speck klein würfeln und in 2 EL Butterschmalz knusprig ausbraten. Die Zwiebeln kurz mit andünsten und die Pfanne zur Seite stellen.

2 Den Backofen auf 200 °C vorheizen. Die Kartoffeln pellen und grob in eine Schüssel raspeln. Den Käse ebenfalls grob raspeln und locker untermischen. Mit Salz, Pfeffer und Majoran würzen. Den Frischkäse fein zerteilen und die Eier leicht verschlagen. Zusammen mit der Speck-Zwiebel-Mischung locker unter die Kartoffeln mengen, aber nicht fest kneten.

3 Die Saftpfanne (Backblech mit hohem Rand) mit dem restlichen Butterschmalz einfetten und die Kartoffelmasse locker darin verteilen. Im Ofen (Mitte, Umluft 180 °C) in 35–40 Minuten goldbraun backen. Dazu schmeckt eine große Schüssel frischer Salat.

Zubereitungszeit: 30 Min.

Backzeit: 40 Min.

schnell, preiswert

Zutaten für 1 Brot
3 Zwiebeln
200 g durchwachsener Räucherspeck
3 EL Butterschmalz
2,5 kg gekochte Pellkartoffeln vom Vortag
300 g Gouda
Salz
Pfeffer
1 TL Majoran
200 g Doppelrahm-Frischkäse
3 Eier

Info

Beim Gouda verändern sich mit zunehmender Reife Geschmack, Konsistenz, Struktur und Farbe. Der Teig des jungen, milden Käses ist geschmeidig und von hellgelber Farbe. Den im Geschmack viel kräftigeren mittelalten Gouda kann man schon raspeln. Nach einjähriger Reifezeit, nun dunkelgelb, besitzt Gouda schließlich die bröckelige, krümelige Beschaffenheit eines Reibekäses.

Zubereitungszeit: 1 Std.
Ruhezeit: 20 Min., Backzeit: 20–25 Min.
mediterran, macht was her

Zutaten für 2 Brote

Für den Teig:

750 g Weizenmehl Type 405

75 ml Olivenöl

1/4 l Wasser

1/2 TL Salz

frisch gemahlener Pfeffer

Für die Füllung:

1 kg Mangold

Salz

80 g Zwiebeln

25 g Butter

frisch gemahlener Pfeffer

1 EL gehackter Oregano

400 g Ricotta

1 Ei

Außerdem:

Öl für das Backblech

80 g zerlassene Butter

100 g frisch geriebener Parmesan

1/2 Eigelb, mit Wasser verquirlt

Brot mit Ricotta und Mangold

1 Für den Teig das Mehl in eine Schüssel sieben. Öl, Wasser, Salz und Pfeffer zufügen und alles zu einem glatten Teig verkneten. Diesen zudecken und etwa 20 Minuten ruhen lassen.

2 Für die Füllung den Mangold von den Stielen befreien. Die Blätter unter fließendem kaltem Wasser waschen und in etwa 1 cm breite Streifen schneiden, die Stiele anderweitig verwenden. In kochendem Salzwasser 2–3 Minuten blanchieren. Die Mangoldblätter mit einem Schaumlöffel herausheben, abtropfen und abkühlen lassen, gut ausdrücken.

3 Die Zwiebeln schälen und fein hacken. Die Butter in einer Pfanne zerlassen und die Zwiebelwürfel hell anschwitzen. Die Mangoldstreifen 3–4 Minuten mitschwitzen. Mit Salz, Pfeffer und Oregano würzen. Die Pfanne beiseite stellen und den Mangold abkühlen lassen. Den Ricotta in einer Schüssel mit dem Ei glatt rühren, den Mangold untermischen und die Füllung abschmecken.

4 Teig nochmals kurz durchkneten, halbieren und die Hälften auf einer bemehlten Arbeitsfläche zu Rollen formen. Auf jeder Teigrolle 6 gleich große Stücke markieren. Diese in 5 Kugeln teilen, zu Fladen ausrollen, füllen und zu einem Brot von 25 cm Durchmesser zusammensetzen, wie auf Seite 9 gezeigt und erklärt.

5 Ein Backblech mit etwas Öl fetten. Das gefüllte Brot mit den eingeschlagenen Rändern nach unten darauf legen. Die Oberfläche mit Butter bestreichen und mit einer Gabel einstechen.

6 Das 2. Brot auf die gleiche Weise zubereiten. Beide Brote bei 200 °C im vorgeheizten Ofen 20–25 Minuten backen.

Rezeptregister von A–Z

A

Anisfladen 46

B

Bagels, Pfeffer- 72
Baguette 33
Bierstangen 92
Blitzschnelle Schoko-
   croissants 77
Brezeln, Gewürz- 71
Brezen, Laugen- 68
Brioches 79
Brioches, Mandel- 80
Brot, Erdnuss- 27
Brot, Gefülltes 119
Brot, Gerstenmisch- 18
Brot, Kartoffel- 20
Brot, Kürbis- 25
Brot, Leinsamen- 12
Brot mit Huhn und Gemüse 118
Brot mit Ricotta und Man-
   gold 9, 124
Brot, Roggenmisch- 14
Brot mit roten Zwiebeln 121
Brot, Oliven- 40
Brot, Paprika- 110
Brot, Pikantes Kartoffel- 123
Brot, Spanisches Gersten- (Pan
   de cebada) 19
Brot, Südamerikanisches
   Gewürz- 39
Brot, Vollkorn- 17
Brot, Walnuss- 26
Brot, Weizenvollkorn- 15
Brot, Würziges Tomaten- 42
Brot, Zwiebel- 43
Brötchen, Englische
   (Crumpets) 73
Brötchen, Gewürz- 69
Brötchen, Kernige 57
Brötchen, Kräuter- 61
Brötchen, Milch- 85
Brötchen, Mohn- 56
Brötchen, Müsli- 64
Brötchen, Quark- 65

C

Cheese Rolls 94
Ciabatta 31
Ciabattini 31
Croissants 9, 76
Croissants, Blitzschnelle
   Schoko- 77
Crumpets (Englische Brötchen) 73

D

Dinkelschnecken 66
Dreikornzopf mit Käse 28

E

Englische Brötchen: Crumpets 73
Englische Osterbrötchen: Hot
   Cross Buns 83
Erdnussbrot 27
Erdnuss-Schnecken 99

F

Finnisches Knäckebrot 35
Fladen, Anis- 46
Fladen, Kleine Walnuss- 81
Fladen, Kokos- 50
Fladen, Kümmel- 113
Fladen, Scharfe Tomaten-
   Paprika- 111
Fladenbrot, Hafer- 23
Fladenbrot mit Rindfleisch-
   füllung 100
Fladenbrot mit Schafskäse-
   füllung 100
Fladenbrot, Pita- 48
Fladenbrote, Indische 50, 51, 52
Fladenbrote, Zweierlei gefüllte
   (mit Schafskäse- und Rind-
   fleischfüllung) 100
Focaccia mit Olivenöl 114
Focaccia mit Pecorino und
   Schinken 115
Focaccia mit Sardinen 116
Frittierte Kartoffelbällchen 101

G

Gefüllte Fladenbrote, Zweierlei
   (mit Schafskäse- und Rind-
   fleischfüllung) 100
Gefüllte Teigtaschen 102
Gefülltes Brot 119
Gemüse, Brot mit Huhn
   und 118
Gemüse-Panettone 45
Gemüsesäckchen 96
Gemüsetörtchen mit Käse-
   kruste 106
Gerste, Mischbrot mit 18
Gerstenbrot, Spanisches (Pan
   de cebada) 19
Gewürzbrezeln 71
Gewürzbrot, Südamerikani-
   sches 39
Gewürzbrötchen 69

H

Hafer-Fladenbrot 23
Hafermehl, Kastenbrot mit 22
Hamburger Brötchen 74
Hefeschnecken 84
Hot Cross Buns (Englische Oster-
   brötchen) 83
Huhn und Gemüse, Brot mit 118

I

Indisches Pfannenbrot: Phulkas
   und Pooris 52

K

Kartoffelbällchen, Frittierte 101
Kartoffelbrot 20
Kartoffelbrot, Pikantes 123
Käse, Dreikornzopf mit 28
Käsegebäck, Mürbes 91
Käsekruste, Gemüsetörtchen
   mit 106
Käseschleifen 88
Käsestangen 89
Kastenbrot, Kerniges 57
Kastenbrot mit Hafermehl 22
Kastenbrot mit Kräutern und
   Kefir 38
Kefir, Kastenbrot mit Kräutern
   und 38
Kernige Brötchen 57
Kleine Kümmelkuchen 93
Kleine Walnussfladen 81
Knäckebrot, Finnisches 35
Knäckebrot, Schwedisches 37
Kokosfladen 50
Kräuter, Roggenbrötchen mit 60
Kräuterbrötchen 61
Kräuter und Kefir, Kastenbrot
   mit 38
Kümmelfladen 113
Kümmelkuchen, Kleine 93
Kürbisbrot 25

L

Lauchbrot mit Schmand 121
Laugenbrezen 68
Leinsamenbrot 12

M

Macadamia Rolls 62
Mandelbrioches 80
Mangold, Brot mit Ricotta
   und 9, 124
Milchbrötchen 85